U0515672

图书在版编目（CIP）数据

山西博物院藏品概览 . 青铜器卷 / 山西博物院编 . --
北京 : 文物出版社 , 2019.7（2025.3 重印）
ISBN 978-7-5010-6092-4

Ⅰ . ① 山… Ⅱ . ① 山… Ⅲ . ① 文物—介绍—山西 ② 青铜器（考古）—介绍—山西 Ⅳ . ① K872.25

中国版本图书馆 CIP 数据核字（2019）第 035754 号

山西博物院藏品概览·青铜器卷

编　　者 / 山西博物院

责任编辑 / 许海意
责任印制 / 王　芳
装帧设计 / 谭德毅

出版发行 / 文物出版社
社　　址 / 北京市东城区东直门内北小街2号楼
邮政编码 / 100007
网　　址 / http://www.wenwu.com
邮　　箱 / wenwu1957@126.com
经　　销 / 新华书店
印　　刷 / 文物出版社印刷厂有限公司
开　　本 / 889mm×1194mm　1/16
印　　张 / 16.75
版　　次 / 2019年7月第1版
印　　次 / 2025年3月第2次印刷
书　　号 / ISBN 978-7-5010-6092-4
定　　价 / 280.00元

《山西博物院藏品概览·青铜器卷》

编辑委员会

序 言

山西位于黄河中游，地处中原农耕文化和北方草原文化交汇区域。特定的地理位置和多元的文化交流，为三晋大地留下了丰富而鲜明的历史文化遗产。山西现有不可移动文物53875处，其中全国重点文物保护单位452处。国有馆藏可移动文物320万件（组）。这些美轮美奂的文物，恰如散落在黄土地上的点点繁星，折射出华夏文明的璀璨光辉。

山西博物院前身为1919年创建的山西教育图书博物馆，是中国最早设立的博物馆之一，至今已有100年的历史。1953年起称山西省博物馆。2005年建成开放的山西博物院坐落在龙城太原美丽的汾河西岸，2008年起向公众免费开放，成为全国首批国家一级博物馆，是山西省最大的文物收藏、保护、研究和展示中心。院藏的40余万件文物荟萃全省精华，其中新石器时代陶寺遗址出土文物、商代方国文物、两周时期晋及三晋文物、北朝文物、石刻造像、历代地方陶瓷、金代戏曲文物等颇具特色。

为保护传承山西历史文化，合理利用文物资源，以文明的力量助推社会的发展进步，值此建馆100周年之际，我院将分期分批推出院藏文物精品图录，藉以向为山西博物馆事业付出辛勤劳动、无私奉献和关心支持的各界人士表示崇高的敬意和衷心的感谢！同时希望更多的社会各界人士关注、关爱、支持山西博物馆事业的发展！

回望百年，一代代晋博人薪火相传，筚路蓝缕。遥望未来，新时代的文博人将栉风沐雨，砥砺前行。习近平总书记强调，要“系统梳理传统文化资源，让收藏在博物馆里的文物、陈列在广阔大地上的遗产、书写在古籍里的文字都活起来”。作为三晋文化的弘扬和传承者，山西博物院将认真贯彻落实习近平总书记关于文物工作的重要指示批示精神，坚持把社会效益放在首位，着力打造“艺术展示的殿堂，学生学习的课堂，民众休闲的乐园”，使博物馆成为推动经济社会发展、彰显地域文化魅力、提升人民生活品质的有力支撑，为不断谱写新时代中国特色社会主义山西新篇章而不断努力！

谨以此献给山西博物院成立100周年。

山西博物院院长 [signature]

2019年1月

综述

青铜，是指红铜与锡、铅等的合金，古称金或吉金。青铜器的产生，是人类文明史上一次重要的飞跃。在人类技术发展史上，使用青铜兵器和工具的时代被称为青铜时代。“青铜时代”一词为丹麦人克·吉·汤姆森最先使用，中国青铜时代则是以大量使用青铜生产工具、兵器和青铜礼器为特征，与西方稍有不同。目前中国考古发现最早的青铜器是新石器时代晚期甘肃东林乡马家窑文化（距今约5000年）遗址出土的青铜刀。中国青铜时代历经夏商西周和春秋，在商代晚期和西周早期达到高峰，战国早期开始进入铁器时代，但青铜铸造伴随冶铁工业继续向前，秦汉时期青铜器开始摆脱商周时期神秘、厚重的风格，礼器功能也逐渐丧失，除了生产一些日用类器皿外，生产重心转向佛教造像、铜镜、货币等领域。中国青铜文化涵盖政治、军事、经济和社会文化等多个范畴，造型纹饰无不经过精心设计，因此，其青铜艺术在中国文化史和美术史上占有相当重要的地位。

山西地处黄河中游，是华夏文明的发祥地之一，青铜文明源远流长。山西博物院藏有殷商至汉唐等各代青铜器，地域遍及全省，种类繁多、用途广泛、工艺精湛、风格独特。类别主要有食器、酒器、水器、乐器、工具、兵器、车马器、铜镜、货币和度量衡等，这些青铜器在造型、纹饰、工艺等方面表现出高超的技术性和艺术性，具有极高的历史、科学与艺术价值。院藏青铜器以考古发掘为主，辅以历年收购、公安移交等。此次精选各类青铜器物200余件，以山西商代方国青铜器和晋国青铜器为代表，展现出山西商周青铜艺术的独特魅力和光彩。

在距今4300～4100年的山西襄汾陶寺龙山文化晚期遗址中，出土了一件以复合范铸造的铜铃，这是山西省迄今发现的最早铜器，也是目前黄河中下游地区发现的最早铜乐器。这充分说明距今4000年前后，山西已经进入铸造铜器的初级阶段。公元前21世纪前后，中国开始进入青铜时代，此时，在二里头时期夏县东下冯文化遗址中，也有早期红铜和青铜小工具等发现。

商周时期，青铜器多是为礼制服务的，为礼制服务的青铜器，又称礼器。“国之大事，在祀与戎”，青铜礼器主要用于祭祀，兵器用于军事。青铜礼器作为贵族祭祀、朝聘、宴飨、丧葬等活动中的用器，体现着使用者的身份地位和权力等级。商代青铜礼器的重酒体制建立并臻于完善，酒器种类繁多，主要有爵、觚、角、斝、觯、尊、卣、觥等，食器有鼎、鬲、甗、簋，水器有盘，工具有镬、凿，武器有戈、矛、镞、钺、戟等。商代中国青铜器艺术趋于成熟，普遍装饰兽面纹样，构图渐趋繁密，线条峻深劲利，铭文多为1~6字的族徽或族名，字体典雅古朴。分铸技术的应用已较娴熟，制范、合范技术相当进步。

商代青铜器发展可分为前后两期，前期指从商汤立国至盘庚迁殷，以河南郑州二里岗出土的青铜器为代表；晚期青铜器以河南安阳殷墟出土器物为代表。商代前期青铜器比较匀薄，动物纹样多有变形，食器多深腹，盛行与腹腔相通的空柱足或空锥足，尊、觚、盘的圈足大都带有“十”字形或不规则的镂孔。商后期胎壁厚重，造型庄重，花纹繁缛细密。商代青铜器在山西南部的洪洞、浮山、垣曲、平陆，中部的忻州、介休、灵石，西部吕梁山—黄河一线的石楼、永和、保德等地多有发现。

山西南部处于商代“王畿千里”的范围，相传商始祖契的母族“有娀氏”曾居永济，中宗祖乙曾迁都于“耿”（今河津市境内）；傅说“筑傅岩(今平陆县境内)之野”，高宗武丁擢举为相。在垣曲县古城南关和夏县东下冯等地发现有商代前期城址，可能属商王朝的直接统治范围，是为商王朝黄河北岸的军事重镇，其城址以及平陆前庄出土的青铜重器等，与典型的商文化遗存相同或相近。

平陆县前庄遗址出土的一批商代文化遗物，其青铜器多为立耳深腹、空心柱状足，饰简单的兽面纹，具有商代前期铜器的典型特征。方鼎一件，圆鼎两件，皆是山西迄今所见器形最大的商代青铜器。

山西中西部吕梁山和沿黄河一线，当时存在着与商王朝若即若离的众多“方国”，甲骨文多见记述。针对院藏此区域的商代青铜器，我们选择了1944年忻县连寺沟，1956年石楼县二郎坡，1957年石楼县后兰家沟，1959年石楼县桃花者，1971年保德县林遮峪，1976年、1985年灵石县旌介，1933年永和县下辛角等地出土以及太原电解铜厂拣选的部分商代晚期青铜器。器类主要有鼎、簋、罍、壶、卣、瓿、觚、爵、斝、觥、盘、匕等。经研究，此区域山西商代晚期的青铜器可分为三段：早段代表为忻县连寺沟和石楼后兰家沟出土的铜器；中段代表为石楼二郎坡出土的铜器；晚段代表主要有石楼县桃花者、保德县林遮峪出土铜器。通过对这些器物形制、纹饰的比较研究，早段向晚段变化较大，中段向晚段变化较小。参照殷墟分期，早期相当于盘庚迁殷前后到武丁前，上限还可略早；中段相当于武丁前后到康丁时期；晚段相当于武乙前到帝辛时期。

此区青铜器中容器大多与典型的殷墟晚期铜器相一致，如鼎、卣、爵、觚等，但小器物如铃剑首、铃觚、虎饰匕形器、蛇首匕、蛙首匕、人首笄形器以及车马器等与殷墟铜器风格迥异，而与北方草原青铜文化相似。可知殷墟晚期，吕梁山区黄河沿岸其方国文化既有商文化的强烈影响，又受北方系青铜文化的浸染，是灿烂的商代青铜文化中的精彩一族。对于了解商文化的分布，研究商与其北部疆域诸方国之间的社会及文化关系，有着重要的历史价值。

灵石旌介村商墓出土的青铜器以殷墟青铜器为主，有鼎、觚、爵、卣、簋、直内戈、有铤镞等，组合以爵、觚酒器为主，同时有鼎、簋的搭配。从形状上看，鼎耳外撇，上部加厚，圆柱形实足稍外撇；爵体成“卯”字形，柱在流上面，尾尖平；卣体平面呈椭圆形，有陶索状提梁等。从纹饰看，器物普遍采用三层花纹，以云雷纹作底，多有扉棱，花纹有兽面纹、蝉纹、象纹、蚕纹、重叶三角纹和蕉叶纹等。无论形制、花纹与组合均体现出殷商

文化的特点，但弓形器、羊首刀、有銎钺等又有北方系青铜文化的某些特征。因此，以旌介商墓青铜器为代表的文化应属于商文化系统，是商文化在发展过程中吸收、融合当地及其他青铜文化的某些因素而形成的一个地域类型或是商文化的一个分支，可能是与商王朝有着较为稳定的臣属关系的方国的遗存。根据灵石出土的较多带有“丙”形族徽的青铜器，专家推测灵石一带当时可能是“丙”族方国所在地。

商代的山西地区，商文化始终占主导地位，控制着大部分地区，大致南北以霍太山为界，晋南地区（包括晋东南和晋西南）是商文化直接控制地带，属于殷商文化类型；晋中地区是商文化与北方文化抗衡的间接控制区，属于商文化关系密切的地方类型；吕梁山一线以及晋北地区则应是北方文化势力范围，属于与商文化相抗衡的北方文化地方类型。

山西地区商代青铜文化多姿多彩的丰富的内涵，不仅为我们研究商代方国文化和殷商文化提供了不可多得的资料，也为我们研究不同经济方式之间的文化交流提供了借鉴，而且也对后来的晋国青铜文化产生了重要影响。

公元前11世纪初，地处中原的商王朝日趋没落，活动于泾渭流域的周部族兴盛崛起。公元前1046年前后，周武王联合众多方国和部族伐商，于商郊牧野（今河南淇县南）灭商，建立周朝，建都镐京（今陕西省西安市西南），史称西周。为了巩固国家政权，周王朝推行分封制，建立诸侯国，以屏藩王畿。周成王的同母兄弟叔虞受封唐国故地（原为山西南部的商朝方国），史称唐叔虞。叔虞谨奉礼乐重器入主唐国，“启以夏政，疆以戎索”。叔虞之后，其子燮父继位，徙唐封晋，发晋国600多年历史之端。

为探寻早期晋都，考古学家曾在晋南地区展开多方调查。1992~2001年，山西省考古研究所与北京大学考古系在翼城和曲沃交界处的天马—曲村遗址进行多次抢救性发掘，发现晋侯墓地，时代从西周早中期之际延续到春秋早期。19座晋侯及夫人墓葬的发掘确认了从燮父至文侯的9代晋侯，结束了2000多年来关于晋国早期都城所在地的激烈争论，证实这里是晋国早期的都城所在地。晋侯墓地出土的青铜器器类齐全，礼器占绝大多数，食器、酒器、乐器一应尽有，而且出现了一些前所未见的新器形，如猪尊、兔尊等。

西周时期，青铜器形成重食系统。列鼎制度、编钟制度已经形成。器形端庄厚重，纹饰多为动物变形纹。作器铸铭盛行，多见有长篇铭文的重器。西周时期的晋国，政治和文化上注重兼容并蓄，与周王朝的关系十分密切，其文化反映出周文化的强烈影响，在青铜器器类、器形和纹饰等方面两者有着许多共同的特点，甚至其陶器如鬲、豆、罐、盆、尊等，造型也很相似。

山西博物院藏西周青铜器的出土地点有天马—曲村晋侯墓地、闻喜上郭村墓地、翼城凤家坡墓地以及洪洞坊堆墓地等。根据夏商周断代工程的研究成果，综合考虑青铜器形、纹饰、铭文等演变规律，考古学界按王世将西周时期分为早中晚三期，早期为武、成、康、昭时期，中期为穆、恭、懿、孝、夷时期，晚期为厉、共和、宣、幽时期。

西周早期青铜器，大都因袭晚商作风，以雷纹为地的兽面纹做主题的动物纹样仍然占据主导地位，鸟纹逐渐增多；花纹装饰一般采用平雕和浮雕手法，流行通体满花和三层花纹，图案多采用对称式纹样或连续纹样；食器有鼎、簋、鬲、甗、豆、盂；酒器有尊、卣、爵、觚、觯、觶、斝、方彝、壶、罍、斗；水器有盘、盉；乐器中甬钟出现；兵器有戈、矛、镞，新出现钩戟；青铜器长铭数量增多，除标识器主和祭祀外，主要为纪事，字体风格隽美、笔道首尾出锋。院藏以晋侯墓地M113、M114出土铜器为代表。

西周中期开始，风格发生改变，纹饰以连续式构图为主，通体满花现象较少，条带状花纹增多，出现如窃曲纹、波曲纹之类新的题材，开始解体以往庄严神秘的动物花纹，促进了装饰的抽象化与几何图案化，朴实无华、简洁明快；纹饰主题，种类繁多，飘逸流美；表现手法以平雕为主。青铜器组合定型，常见以鼎、簋为主的食器组合，酒器少见，较高一级贵族甗、鬲比例增大，常见水器，有的配有编钟。这一时期鸟兽尊更为常见，鸟纹成为鼎、簋、甗、尊、卣等器常见纹饰；铭文笔道柔和，两头平齐似圆箸，书法家又称为“玉箸体”。院藏以晋侯墓地M13出土铜器为代表。

西周晚期青铜器造型和纹饰简朴，器物组合有鼎、簋、甗、鬲、簠、盨、豆、盘、盉、匜、壶等；纹饰流行窃曲纹、瓦棱文、波曲纹等，简洁疏朗，凤鸟纹少见；铭文笔道圆润。院藏此期青铜器以晋侯墓地M92、M64等为代表。

西周时期，青铜器盛行铸造长篇铭文，铭文内容所涉较为广泛，涉及社会生活的各个方面，祭典训诰、宴飨田猎、征伐动乱、赏赐册命、土地转让、盟誓契约、家史婚媾等，成为记载西周时期历史资料的重要文献。如西周晋侯苏钟，完整地记载了周厉王三十三年（前846年）正月初八，晋侯苏受王命伐夙夷的过程，为人们重新确定西周王年提供了重要的实物证据，其纪年资料成为“夏商周断代工程”的重大研究课题之一。晋侯苏钟铭文记载了周厉王征伐蛮夷、平定叛乱的功绩，这些事迹在史籍中无从考查，为大众展现出“暴君”周厉王的另一面。晋侯墓地M64出土有西周楚公逆钟，将两国的交往历史从史籍记载的春秋前期提早到了西周晚期。其他如1954年洪洞县坊堆、1957年洪洞县永凝堡、1962年翼城县凤家坡、1974年闻喜县上郭等地出土的青铜器，多数器物铸有铭文，成为研究西周时期封国荀、陈、杨、霍等的珍贵资料。

公元前770年，周平王迁都洛邑（今河南洛阳），史称东周，包括春秋和战国两个阶段。公元前585年，“晋人谋去故绛。……晋迁于新田”（新田即今侯马）（《左传·成公六年》）。20世纪50年代以来，在侯马发掘出春秋中期至战国早期的城址、宗庙、墓地、祭祀及手工作坊等遗址，初步勾勒出晋国晚期繁华都城的面貌。铸铜作坊和侯马盟书是晋都新田遗址最重大的发现。

公元前453年，韩、赵、魏三家共灭智氏，晋国被三家瓜分。公元前403年，周威烈王册封韩、赵、魏为诸侯，史称“三家分晋”。公元前3世纪，韩、赵、魏陆续被秦国所灭。晋国经过600多年的发展，形成了独具地域特色的“晋文化”，藉由韩、赵、魏三国承续晋国余脉，将晋文化的影响推至更大范围。晋国青铜铸造技术可以说已经达到了完善臻美的程度，突出表现在以晋国赵卿墓为代表的青铜精品的面世，以及三晋青铜器的发现。这一时期，青铜制作工艺在浑铸法、分铸法广泛应用的基础上，发明了活块模和范、一模多范，采用了铸铆法等新工艺，提高了青铜铸造的质量，把青铜艺术推向了一个新的发展阶段。

1988年，太原市金胜村晋国赵卿墓的发掘，为研究春秋末期晋国历史提供了极其宝贵的实物资料。内有青铜器2100余件，从镬鼎、列鼎、编钟到罍、壶、匜、尊等，应有尽有。其中的蟠螭纹镬鼎，是迄今所知春秋时期的最大铜鼎；大墓中编镈一组共19件，共可奏出38个音阶，音列已经达到七声音阶的

水平，这在已知的春秋编钟中绝无仅有。赵卿墓出土的青铜器，可谓春秋时期晋国青铜艺术的集大成之作。装饰题材以鸟为主的动物造型最具特色，如鸟尊、虎形灶、匏壶、镬鼎、编镈、莲盖方壶、虎鹰互搏銎内戈等，精心的造型设计配以精美的装饰花纹，青铜艺术达到前所未有的水平。如虎形青铜灶，由灶体、釜、甑和四节烟筒组成，可以自由拆卸组装，彰显古人的生活经验与智慧；虎鹰搏击镂空戈，銎上部立雕猛虎与雄鹰搏击形象，虎昂首张口露齿，前爪紧抓鹰尾，后爪扼住鹰头，鹰则伸颈翘尾，竭力反扑，构成一幅紧张激烈、栩栩如生的互搏画面。

我院所藏翼城、闻喜、侯马、万荣、原平、长治等地出土的东周时期青铜器以及侯马晋国铸铜遗址出土的铸铜陶范等，均从不同层面反映出晋国青铜文化在铸造、器形、纹饰、铭文、工艺等方面的辉煌成就。其中如出土于万荣的嵌红铜绳络纹壶、长治分水岭的铜牺立人擎盘和错金夔纹豆等等，是三晋青铜文化的典型作品。其他如闻喜上郭出土的荀侯匜和贮子匜、山西潞城出土的虞侯政壶等，是西周、春秋早期晋地封国青铜文化的遗物；王子于戈则是春秋时期晋国与列国往来的历史见证。

晋国从西周初年分封于夏墟，初不过“方百里”之地，发展至春秋时期被誉为天下“晋国莫强焉”之霸主，至春秋末三家分晋，历六百余年。其青铜铸造业在春秋战国时期达到鼎盛，形成了“晋”式风格，其组合多样，纹饰细密繁缛，铸造工艺精湛，是一种“标准”化的青铜器。晋国青铜器以中原风格为基础，吸收北方文化因素，取法自然的活泼浪漫，在浑厚肃穆中添加灵巧秀丽，兼容并蓄而又特色鲜明，开艺术变革风气之先，于列国青铜文化中自成体系，为中国青铜艺术中璀璨的明珠。

东周时期，总的来看，青铜器物的生活实用性加强，礼器的功用逐渐消失。尤其到战国更为加剧。器形主要有鼎、豆、壶、盘、匜等，其中附耳有盖，盖上有三小兽或三环小钮的鼎盛行，生活用具带钩和铜镜得到发展，兵器中的戈、矛、戟和剑较多；铭文内容简约，春秋多祭祀，战国多物勒工名。铭文书体亦注重美化，出现了艺术化的鸟虫书，多饰于兵器上；纹饰除以蟠龙纹和蟠蛇纹作为主要纹饰外，夔龙吞蛇和夔龙衔凤纹为晋式青铜器所独有，另外还出现了人物生活方面的图案，以描绘当时社会生活为内容，包括宴飨、狩猎、采桑等，如山西襄汾的采桑人物铜圆壶；镶嵌工艺绚丽工巧，如有错金银、镶嵌红铜和黑色涂料等。太原赵卿墓高足方壶即是在铜器表面预先铸出浅凹的花纹图案，再嵌入黑色涂料，利用两者不同色泽对比形成绚丽多彩之装饰效果。长治分水岭错金夔龙纹豆和万荣王子于戈的错金银术则是在预铸凹槽内嵌入金银丝，尔后打磨修整，使器表呈现璀璨靓丽之效果。

秦汉以后，随着生产力的发展，青铜器铸造逐渐退出社会生产的主要领域，青铜器的作用渐趋实用。青铜多用于制造铜镜、灯具等生活器具和佛像、钱币等。两汉时期日常生活用青铜器主要有：食器鼎、釜、甑、鐎斗、鍪，酒器钫、耳杯、樽、盉，水器盘、洗，生活用具灯、镜、炉等等。铜器刻铭较多，内容多是器物的纪年、容量、重量、使用地点、作坊名称、工官刻铭，铜镜上的吉语等。工艺造型均有了大的发展，器形轻便，精巧实用，虽简单朴素，却不乏精美之作。山西地区汉代出土的铜器以太原和雁北居多，选择了1962年右玉县大川出土的汉代河平三年胡傅温酒樽、胡傅酒樽，1961年太原市东太堡出土的晋阳钫，1982年太原尖草坪出土的四神染炉以及1986年襄汾吴兴庄出土的雁鱼灯等。

吴兴庄出土的雁鱼铜灯构思巧妙，制作精美；右玉出土的西汉河平三年胡傅酒樽和胡傅温酒樽，器表均鎏金、彩绘，通身满饰各种动物纹及神话异兽等图案，具有浓郁的北方草原文化风格，其造型、工艺、图案代表了汉代山西青铜文化的卓越水平。太原出土的晋阳钫是西汉代王府的标准量器。其他如鸭形熏炉、四神炉等，均是汉代较为典型的日常生活用具。我院还收藏有不少北方游牧民族特有的青铜带饰和牌饰，如椭圆形马纹带饰、犬马相斗纹牌饰、虎噬牛纹牌饰等，这些带饰或牌饰，设计奇巧，刻画入微，纹饰内容多以各类动物为主，反映了游牧民族的生活方式和汉民族与北部草原民族之间的文化交流。

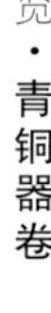

目录

商

西周

春秋

战国

汉

唐

青铜器卷·图版

乳钉纹方鼎

商

通高 82 厘米，口边长 50 厘米

1990 年山西省平陆县前庄遗址出土

立耳圆拱形，宽平折沿。深腹呈正方形，空柱足，腹四周饰带状乳钉纹，上部夹饰带状兽面纹。足上部饰兽面纹。

兽面纹圆鼎

商

通高 73 厘米，口径 47.5 厘米

1990 年山西省平陆县前庄遗址出土

立耳圆拱形，深腹，圜底，空心柱状足。腹上部饰一周简易兽面纹，足部饰兽面纹。

兽面纹圆鼎

商

通高 70 厘米，口径 45.4 厘米

1990 年山西省平陆县前庄遗址出土

立耳圆拱形，深腹，圜底，空心柱状足。腹上部饰一周简易兽面纹，足部饰凸弦纹。

夔纹鼎

商

通高 27 厘米，口径 20.2 厘米

1966 年山西省忻县连寺沟出土

立耳，斜折沿，深腹较鼓，三矮柱足。腹上部饰一周变形夔纹。

兽面纹鼎

商

通高 28 厘米，口径 19 厘米

1938 年山西省忻县连寺沟出土

立耳微外撇，斜折沿，弧腹，圜底近平，三长锥足。腹部饰一周三组兽面纹。

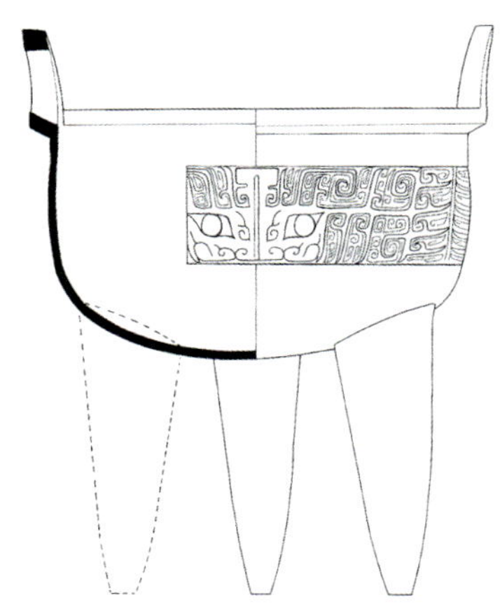

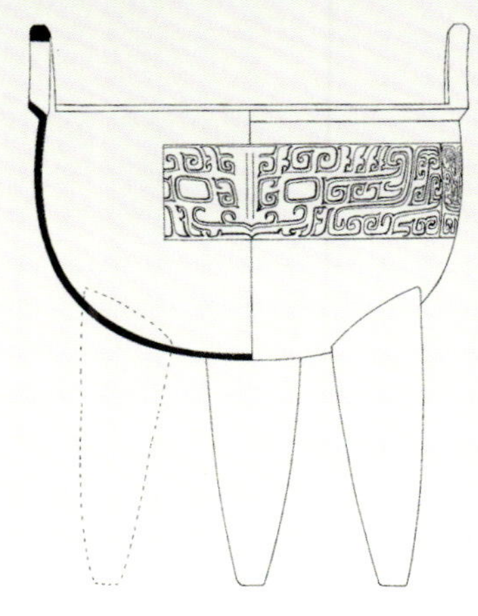

兽面纹鼎

商

通高 30 厘米，口径 20.5 厘米

1966 年山西省忻县连寺沟出土

立耳，斜折沿，弧腹，圜底，三长锥足。腹部饰一周三组兽面纹。

斜角云雷纹分裆鼎

商

通高 20 厘米，口径 16.6 厘米

1957 年山西省石楼县二郎坡出土

立耳，斜折沿，浅腹，分裆线近口，下承三长柱足。腹上部饰一周斜角云雷纹，边饰连珠纹。

夔纹鼎

商
通高 23.8 厘米，口径 20 厘米
1959 年山西省石楼县桃花者出土

立耳，斜折沿，深腹，圜底，三矮柱足。腹上部饰卷尾夔纹。

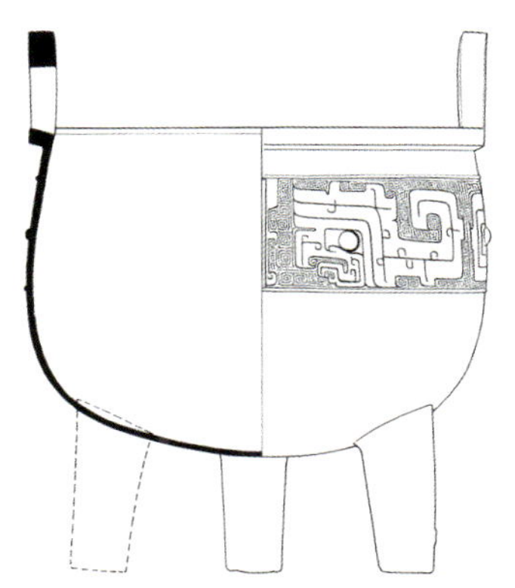

目雷纹鼎

商

通高 27.8 厘米，口径 24.5 厘米

1959 年山西省石楼县桃花者出土

立耳，斜折沿，深腹，圜底，三矮柱足。腹上部饰一周三角形目雷纹。

夔纹鼎

商

通高 27.7 厘米，口径 19.4 厘米

1971 年山西省保德县林遮峪出土

立耳，斜折沿，深弧腹，圜底，三柱足。腹上部饰三组回首夔纹，每组之间有一段短扉棱相隔。腹下部饰一周蕉叶纹。

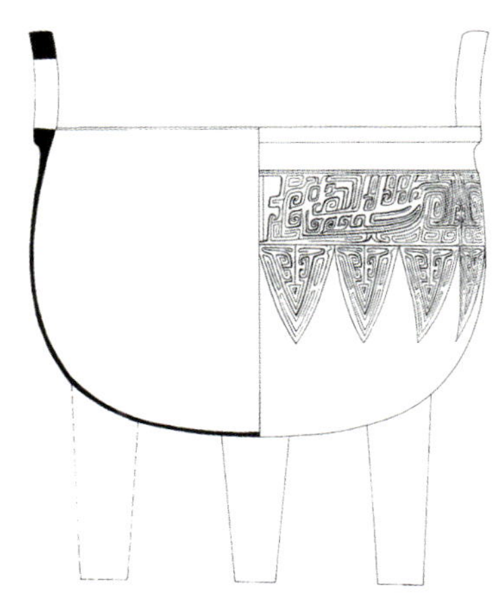

夔纹鼎

商

通高 26.2 厘米，口径 18.6 厘米

1991 年山西省永和县榆林出土

立耳微外撇，斜折沿，深鼓腹，三长锥足。腹部饰一周云雷纹衬底的变形夔纹。

丙方鼎

商

通高 17.8 厘米，口长 12.8、宽 10.8 厘米

1976 年山西省灵石县旌介遗址出土

立耳，斜折沿，直壁，深腹。四面中间及四隅有扉棱，平底，下承四柱足。上腹部饰夔纹，下部饰垂叶纹，足饰蝉纹。器内底有徽记“丙”。

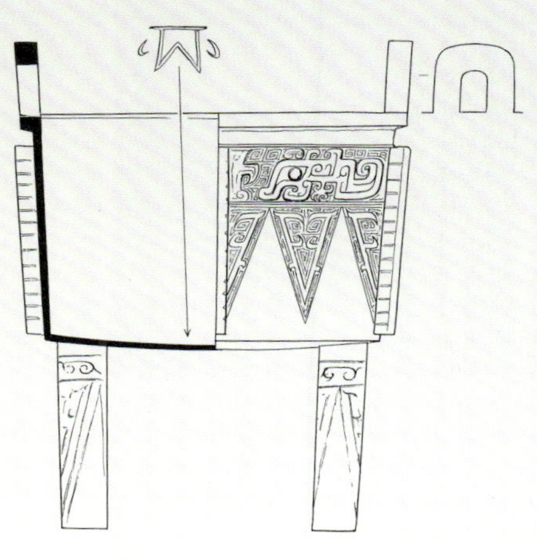

寝孳方鼎

商

通高 25.6 厘米，口长 19.8、宽 15.8 厘米

1981 年山西省曲沃县曲村出土

立耳，平折沿，直壁深腹，平底，长柱足，器身有八道扉棱。腹部饰兽面纹，足部饰阴刻云纹和重叶纹。腹内壁铸有长篇铭文："甲巢（子），王易（锡）寑（寝）巢（孳）商（赏），用乍（作）父辛障彝，才（在）十月又二，遘且（祖）甲哲日，隹（惟）王廿祀。"相对内壁铸铭"干佣"。

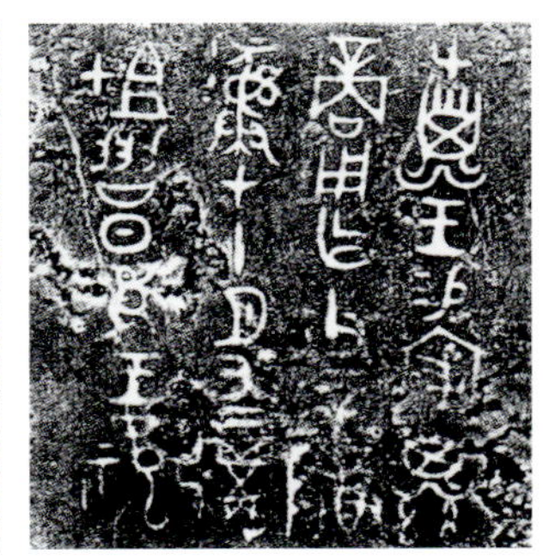

弦纹甗

商

通高 50.5 厘米，口径 29 厘米

1957 年山西省石楼县二郎坡出土

连体式甗。甑立耳微外撇，斜折沿，腹较深。鬲腹分裆下接三柱足。甑上部饰弦纹与乳钉纹组成的简易兽面纹。鬲部饰两周弧形的弦纹。

弦纹甗

商

通高 58 厘米，甑三边长 36、35、34.5 厘米

1959 年山西省石楼县桃花者出土

连体式甗。甑立耳，斜沿，腹部挤压成三角形状。鬲分裆下接三柱足。甑腹部饰三道弦纹。

竖线纹簋

商

通高 27.4 厘米，口径 33 厘米

1959 年山西省石楼县桃花者出土

敞口，宽斜折沿，深腹，圜底近平，下接喇叭形高圈足，圈足上部有长方形镂孔三个。腹部和圈足各饰一周竖线纹，上下框以连珠纹。

雷纹簋

商

通高 25 厘米，口径 34.5 厘米

1991 年山西省永和县榆林出土

敞口，宽平折沿，弧腹下收，圜底，高圈足外侈，圈足上部有三个长方形镂孔。腹与圈足各饰两周以连珠纹为界隔的雷纹，雷纹中间饰变形夔纹。

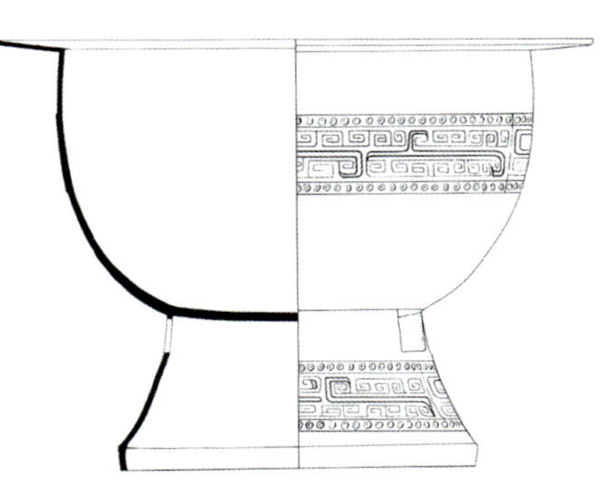

虎饰铲形器

商

残长 19.7 厘米，宽 4.5 厘米

1959 年山西省石楼县桃花者出土

器前端上翘作长条形槽状。后端平直厚重且逐渐收细，手柄缺。铲面立一虎，大头、长尾，作前行状，虎目嵌绿松石。铲是古代的一种取食器具。

兽面纹爵

商

通高 16.2 厘米，流长 7 厘米

1990 年山西省平陆县前庄遗址出土

束腰，平底，三足较长。腹部饰兽面纹。

兽面纹爵

商

通高 18.5 厘米，流尾长 16.6 厘米

1966 年山西省忻县连寺沟出土

长流，尖尾，伞状双柱近流，尖圜底，三锥足，腹部一侧有半环形鋬。腹部饰兽面纹。

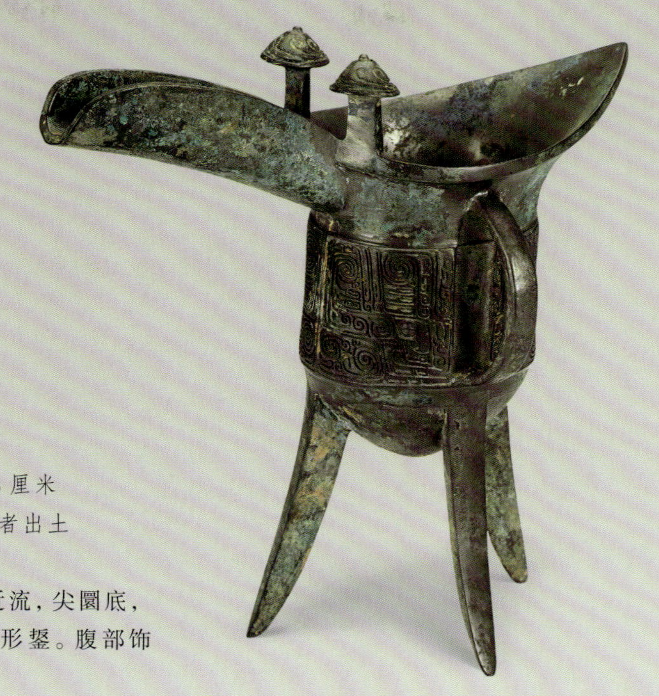

兽面纹爵

商

通高 18.5 厘米，流尾长 18 厘米

1959 年山西省石楼县桃花者出土

窄长流，尖尾，双菌状柱近流，尖圜底，三锥足，腹部一侧有半环形鋬。腹部饰兽面纹。

兽面纹爵

商

通高 18.6 厘米，流尾长 15 厘米

1976 年山西省灵石县旌介遗址出土

长流，长尾，双菌状柱近流，柱顶作涡纹，圜底，三锥足，一侧有扁鋬。腹部饰兽面纹。

兽面纹斝

商

通高 37 厘米，口径 22.8 厘米

1957 年山西省石楼县后兰家沟出土

敞口，双菌状柱，颈斜收，腹略外鼓，圜底，下承三足，腹部一侧有半环形鋬。颈部与腹部各饰一周雷纹衬底的兽面纹。

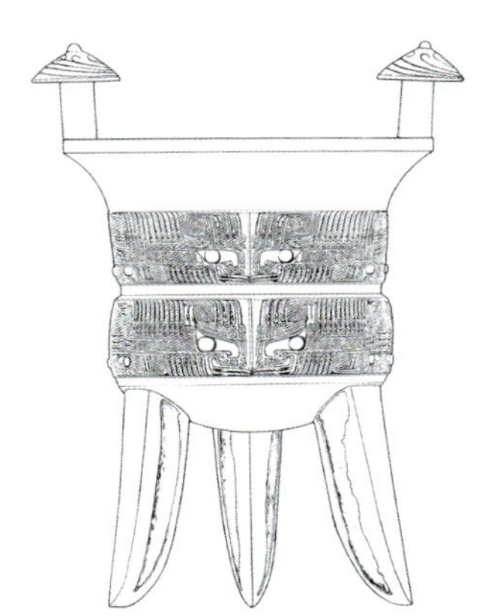

兽面纹斝

商

通高 45 厘米，口径 23 厘米

1959 年山西省石楼县桃花者出土

敞口，双菌状柱较高，颈斜收，腹外鼓，圜底，三锥形足外撇，腹部一侧有半环形鋬。菌状柱顶饰涡纹，颈部与腹部各饰三组兽面纹。

兽面纹斝

商

通高 30 厘米，口径 18 厘米

山西省永和县出土

敞口，上有双菌状柱较高，颈斜收，腹外鼓，圜底，三棱锥形足外撇。柱顶伞形饰涡纹，腹部一侧有半环形鋬。颈部与腹部均饰兽面纹。

兽面纹觚

商

高 24.8 厘米，口径 14.2 厘米

1966 年山西省忻县连寺沟出土

喇叭口，鼓腹，圜底近平，高圈足外侈，圈足上部饰四个“十”字形镂孔。腹上部饰两道凸弦纹，腹部与圈足饰雷纹衬底的兽面纹。

兽面纹觚

商

高 26.6 厘米，口径 16 厘米

1957 年山西省石楼县后兰家沟出土

喇叭口，鼓腹，圜底，高圈足外侈，圈足上部饰四个“十”字形镂孔。腹上下各饰两道凸弦纹。腹部饰雷纹衬底的兽面纹，圈足饰雷纹衬底的夔纹。

兽面纹觚

商

高 27.7 厘米，口径 15.6 厘米

1956 年山西省石楼县二郎坡出土

喇叭口，鼓腹，圜底近平，高圈足外侈。圈足上有四个竖长条形镂孔。腹上下各饰两道凸弦纹，腹部与圈足饰雷纹衬底的兽面纹。

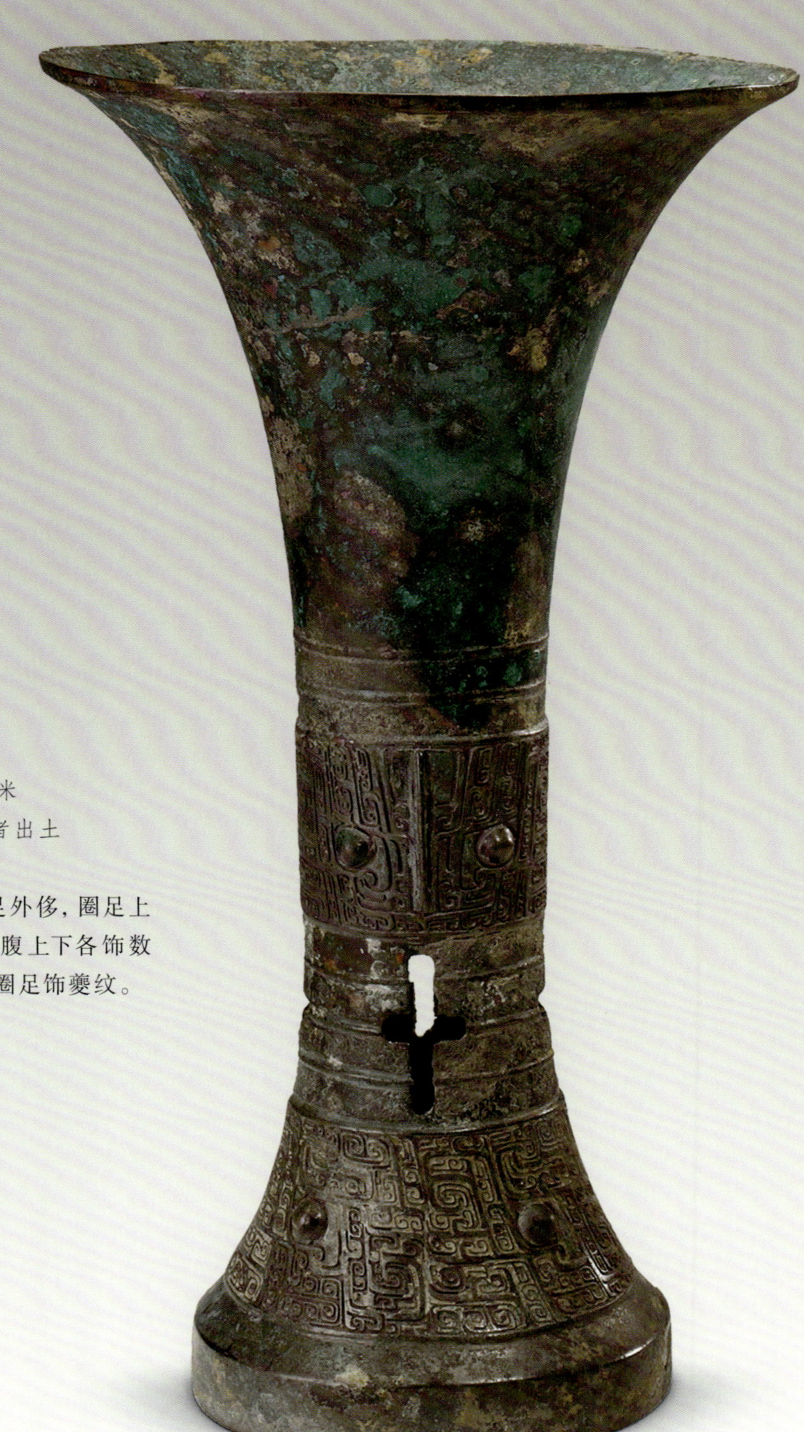

兽面纹觚

商

高 32.3 厘米，口径 17.2 厘米

1959 年山西省石楼县桃花者出土

喇叭口，直腹，圜底，高圈足外侈，圈足上部有四个“十”字形镂孔。腹上下各饰数道凸弦纹，腹部饰兽面纹，圈足饰夔纹。

夔纹铃觚

商

高 31.9 厘米，口径 18.4 厘米

1959 年山西省石楼县桃花者出土

大喇叭口，腹部较细，平底，高圈足外侈。器底有一方形钮用以悬铃，圈足饰夔纹。

器底有一方形钮用以悬铃

弦纹壶

商

通高 22.5 厘米，口径 4.4 厘米

1959 年山西省石楼县桃花者出土

弧形盖，盖与器身子母口套合，盖顶有一方形钮，靠近钮中心饰一周凹弦纹。器扁圆形口，长颈，溜肩，垂腹，圈足外侈。颈部两侧各置一半环形钮，钮下端饰三周凸弦纹，圈足饰两周凸弦纹。

兽面纹觚

商

通高 28.3 厘米，口径 16.2 厘米

1976 年山西省灵石县旌介遗址出土

大喇叭口，颈部斜收，腹部微鼓，平底，圈足外侈。颈部饰蕉叶纹，其下饰一周蚕纹。腹部饰夔龙纹，以扉棱为鼻梁形成兽面纹。圈足上部饰夔纹，下部饰夔纹组成的兽面纹。整器以雷纹衬底。

兽面纹觯

商

通高 13.3 厘米，口长 11.8、宽 8.8 厘米

1976 年山西省灵石县旌介遗址出土

器体扁宽，敞口，束颈，鼓腹下垂，高圈足。颈两侧各饰一兽面形贯耳。颈部饰双夔组成的兽面纹，圈足饰雷纹。器内底铸铭“辛”。

夔龙纹兽形觥

商

通高 22.1 厘米，通长 22.8 厘米

1976 年山西省灵石县旌介遗址出土

器体椭圆，状如蹲兽。前有宽流，下承高圈足。盖前端为龙首形，与上翘的流口扣合为颈，高雕粗角尖耳，眉目突出，颈部起扉棱至盖面中部；盖后部作兽面，与前端相反，盖中两侧各置一尖耳状钮。器腹略鼓，前、左、右起扉棱，后有兽首鋬。盖、腹纹饰不相连属，盖部以云雷纹衬托两个兽头，器身则以三条扉棱为中轴组成兽面主纹，口沿下饰昂首卷尾夔龙纹，圈足饰夔凤纹，均以云雷纹衬地。

龙形觥

商

通高 18.4 厘米，长 43.8 厘米，宽 12 厘米

1959 年山西省石楼县桃花者出土

通体为角状，前端做龙首形，露齿昂翘，瞠目张角，龇牙咧嘴为流。盖面饰透迤的龙体花纹与前端龙首衔接，衬涡旋纹。腹两侧各置一对贯耳用于悬挂，以涡纹、云纹为衬托，饰鼍纹和夔龙纹，头向与龙首相反。圈足饰相对的夔龙纹。

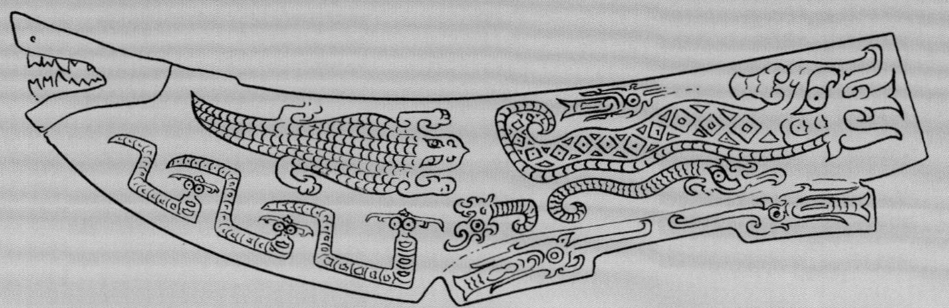

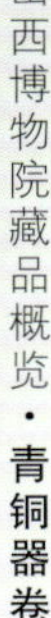

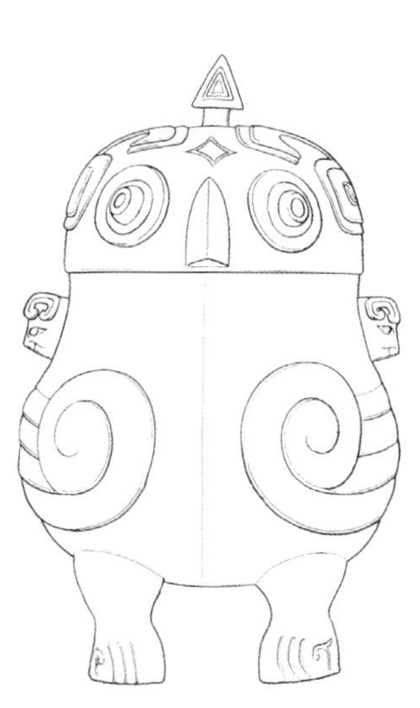

鸮卣

商

通高 19.7 厘米，长 16 厘米，宽 12.3 厘米

1957 年山西省石楼县后兰家沟出土

椭圆体，形如两鸮相背。盖圆鼓作鸮首形，环目，尖喙，弯眉，盖中央置四阿顶方柱钮，饰雷纹。器腹为鸮身，子口微敛，垂鼓腹饰卷曲羽翼纹。身下为四足，两两相背，蹄形足，饰爪纹。

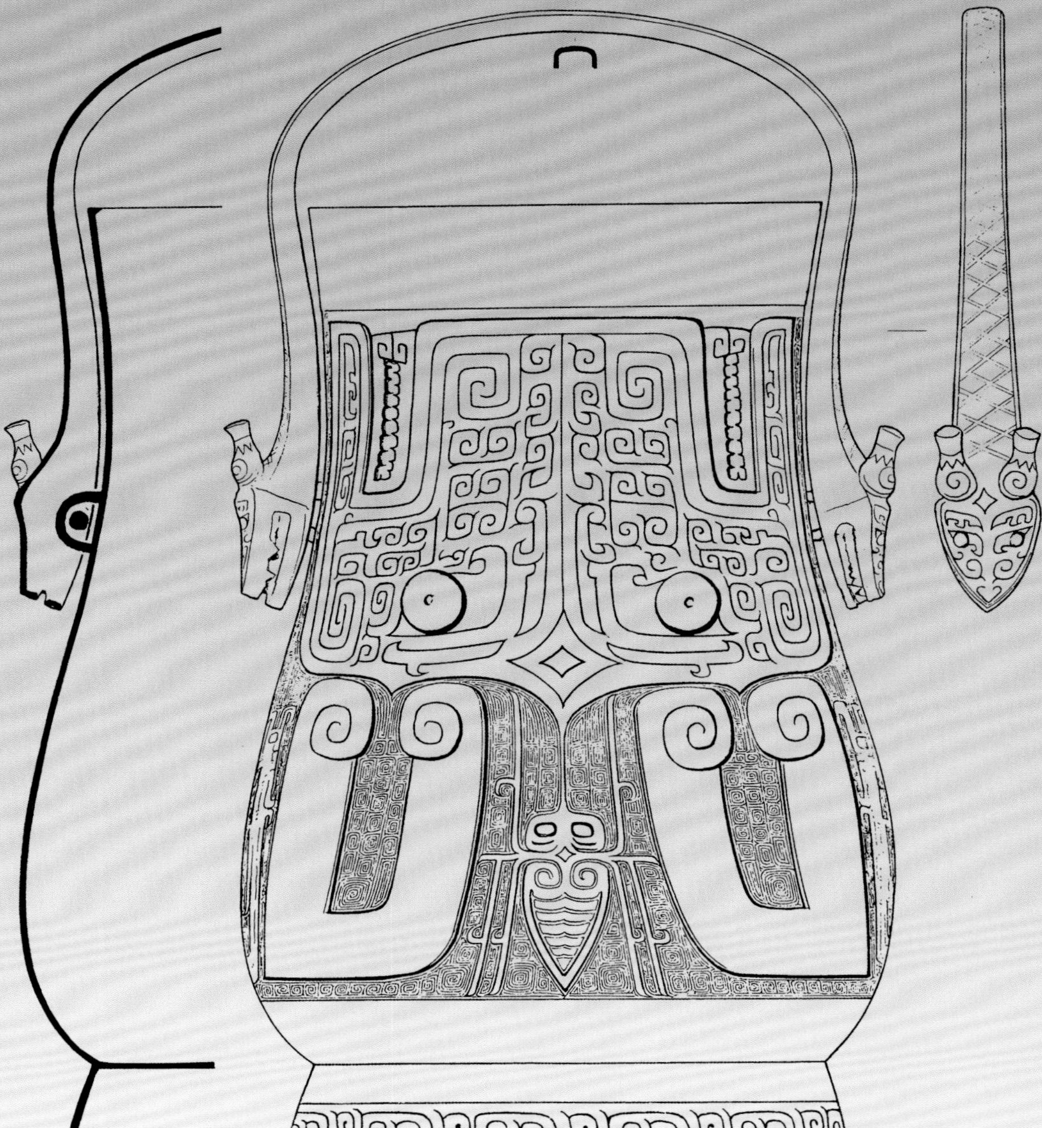

兽面纹龙首提梁卣

商

通高 34.8 厘米，口长 13.8、宽 7.6 厘米

1959 年山西省石楼县桃花者出土

整器横截面呈椭圆形。直口，束颈，垂腹，圜底，圈足外侈。颈部有两个半环形钮与提梁相连，提梁两端作龙首形。器身饰两组倒置的兽面纹，以雷纹衬底，兽面纹的角作粗壮的倒“U”形，两角间饰以蝉纹，两兽面纹之间饰以竖向的夔纹。圈足饰一周云纹。

夔纹提梁卣

商

通高 25.1 厘米，口长 12.8、宽 10 厘米

1971 年山西省保德县林遮峪出土

整器横截面呈椭圆形，体与盖子母口相扣。盖正中为一菌状钮，饰十字凹弦纹将钮分为四部分。器身直口，短颈，溜肩，垂腹，圜底近平，圈足外侈。盖顶饰一周以圆圈纹为界隔的雷纹，盖沿饰一周蕉叶纹。颈下饰一周以圆圈纹为界隔的夔纹，夔纹以圆雕兽首为中左右对称。两侧各有一个半环形耳，套接綯索状提梁。圈足饰一周以圆圈纹为界隔的云纹。在器内底有一动物形族徽。

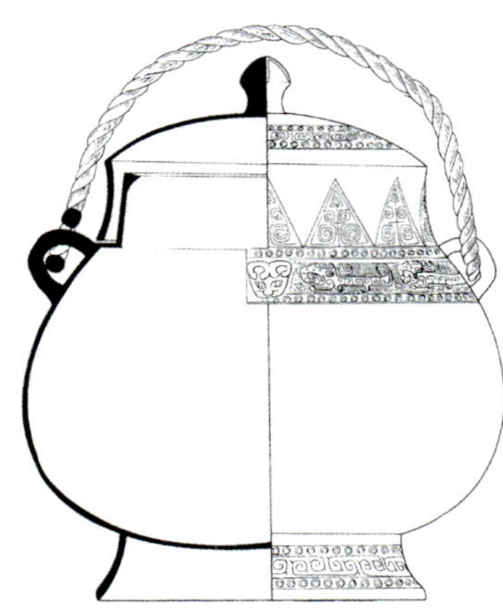

速父戊提梁卣

商

通高 20.6 厘米，口长 9.8、宽 8 厘米

1971 年山西省太原市电解铜厂拣选

整器横截面呈椭圆形。盖顶圆鼓如宝伞，花瓣钮。敛口，斜肩，鼓腹，高圈足外撇。肩两侧半环形耳套铸索形提梁。盖顶边和颈饰雷纹，边饰连珠纹。颈前后各饰一兽头。圈足饰两道凸弦纹。盖内顶和腹内底铸铭“速父戊”3字。

雷纹提梁卣

商

通高 33.4 厘米，口长 15.8、宽 12.1 厘米

1976 年山西省灵石县旌介遗址出土

整器横截面呈椭圆形。瓜棱形盖钮。敛口，溜肩，垂腹，高圈足外侈。肩两侧半环形耳套铸索形提梁，颈前后各有一兽首饰。盖和肩部饰斜方格雷纹，边饰连珠纹，足饰两道凸弦纹。盖内顶和器内底铸有对称铭文“丙”。

兽面纹罍

商

通高 37 厘米，口径 21 厘米

1990 年山西省平陆县前庄遗址出土

斜折沿，短颈，广肩，鼓腹，高圈足，圈足部有“十”字形镂孔。颈部和圈足分别饰三道凸弦纹，肩部和腹部均饰带状兽面纹夹乳钉纹。

云雷地乳钉纹瓿

商

通高 25 厘米，口径 16.8 厘米

1957 年山西省石楼县后兰家沟出土

窄折沿，敛口，短颈，广肩，鼓腹，高圈足。颈部饰两道凸弦纹，肩部高浮雕三兽首，间饰目雷纹组成的夔纹，腹部饰斜方格云雷纹地乳钉纹，圈足饰雷纹。

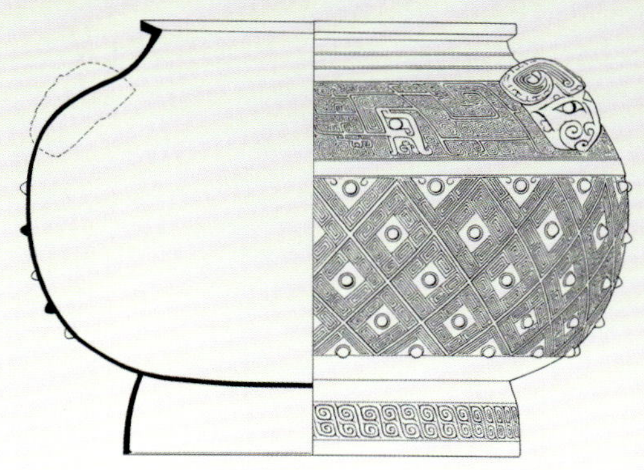

兽面纹瓿

商

通高 31.2 厘米，口径 30.5 厘米

1959 年山西省石楼县桃花者出土

斜折沿，束颈，圆肩，圆腹，圜底，高圈足外侈，圈足上部有三个方形镂孔。颈部饰三道凸弦纹，肩部与圈足各饰一周雷纹衬底的夔纹，腹部饰雷纹衬底的兽面纹。

兽面纹瓿

商

通高 28 厘米，口径 23.6 厘米

1971 年山西省保德县林遮峪出土

斜折沿，口微敛，束颈，圆肩，鼓腹，圜底，圈足微外侈。颈部饰两道凸弦纹，肩部饰一周雷纹衬底的夔纹；腹部饰三组雷纹衬底的兽面纹，以扉棱作兽面的鼻梁，圈足饰一周云纹。

乳钉纹出戟瓿

商

通高 23 厘米，口径 19 厘米

1971 年山西省保德县林遮峪出土

斜折沿，口微敛，束颈，圆肩，鼓腹，圜底。圈足微外侈，圈足上部有三个长方形镂孔。颈部饰两周凸弦纹，肩部饰一周以雷纹衬底的夔纹，腹部饰乳钉纹，肩部与腹部各有三个扉棱，圈足饰一周雷纹。

蛇首长柄斗

商
通长 37 厘米，柄宽 2 厘米，斗口径 5 厘米
1957 年山西省石楼县后兰家沟出土

斗作罐形，敛口、鼓腹、平底，由底部伸出扁平长柄，柄首镂雕二蛇戏蛙。斗腹饰云雷纹衬底的兽面纹，柄饰云雷纹衬底的夔纹。

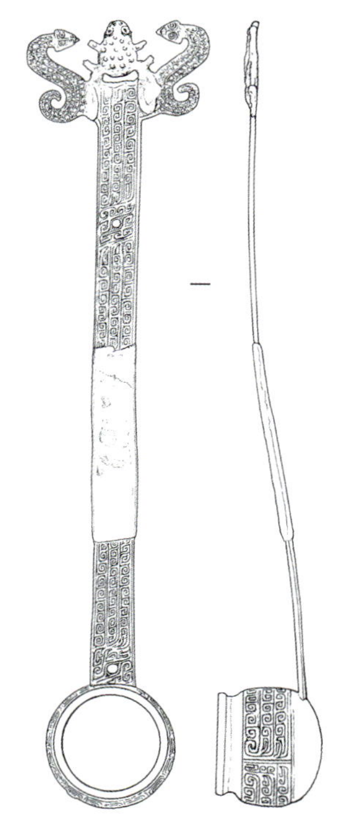

三扁足盘

商

通高 14.4 厘米，口径 26 厘米

1959 年山西省石楼县桃花者出土

宽斜折沿，浅腹，圜底，三夔状高扁足。

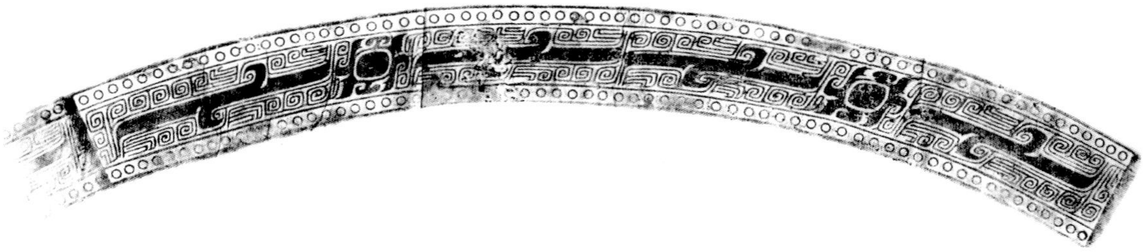

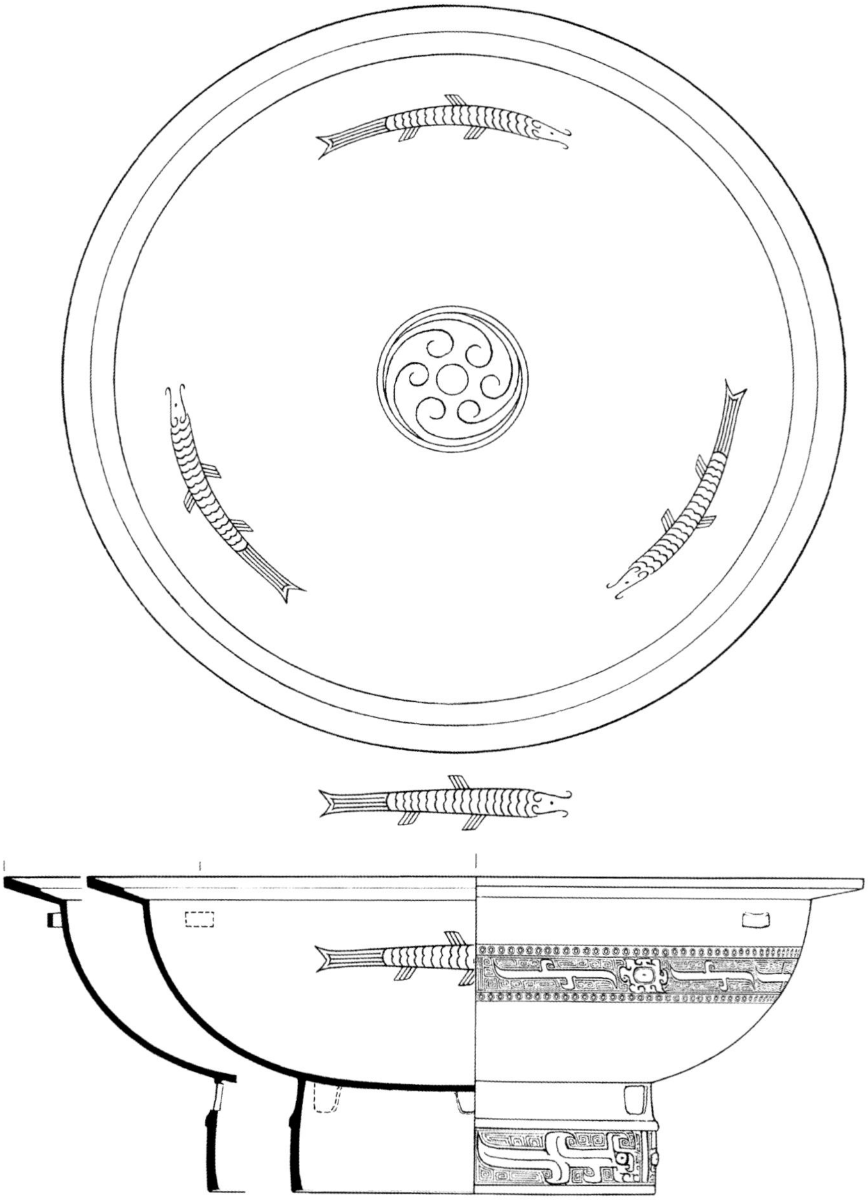

三鱼涡纹盆

商

通高 19.1 厘米，口径 46.7 厘米

1959 年山西省石楼县桃花者出土

宽斜折沿，口沿下有三个桥形钮，弧腹下收，圜底，高圈足，圈足上部有三个方形镂孔。内底中央饰涡纹，腹内壁饰三条鱼纹，腹外壁饰六组变形夔纹，圈足饰三组兽面纹。

蛇首匕

商

通长 32.5 厘米，援最宽 2.8 厘米

1957 年山西省石楼县后兰家沟出土

蛇首形匕首，长援，一面起脊，两边刃，圆锋，格部两端云状向援部内卷。柄有两排镂空。

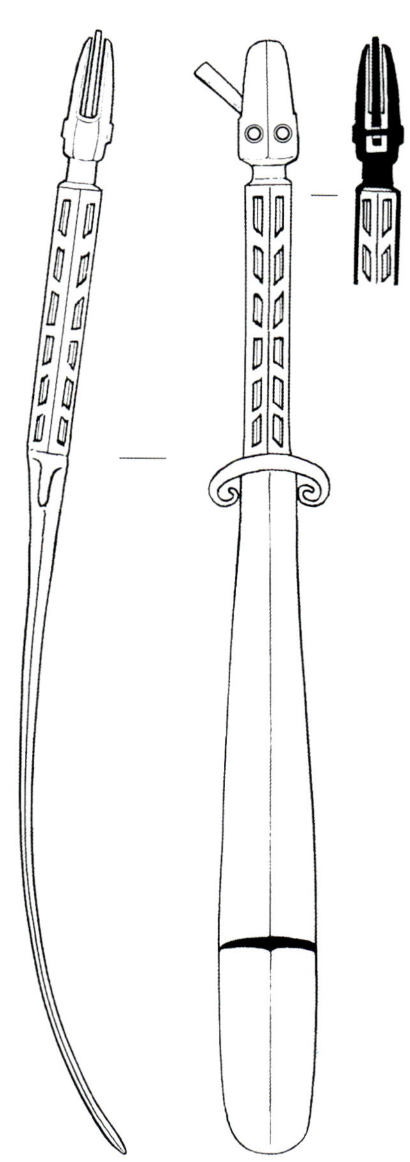

人首笄形器

商

通长 16.5 厘米，首宽 4.1 厘米

1938 年山西省忻县连寺沟出土

笄作扁长条形，略弧。一端为扁平笄首，作正面人首，两侧镂空边框，发双分高盘饰波状纹，顶作齿状高冠。

凤首笄形器

商

通长 17.2 厘米，首宽 4.7 厘米

1959 年山西省石楼县桃花者出土

凤首饰长羽冠，凤眼突出，颈部饰有云雷纹，下接扁条形长柄。

三凸钮环首刀

商

通长 33.8 厘米

1957 年山西省石楼县后兰家沟出土

环首镂空，近椭圆形。柄微曲，阑凸出，弧背凹刃。环首上有三个圆形凸起，饰短直线纹。柄中部饰蛇纹，边饰“人”字线纹。

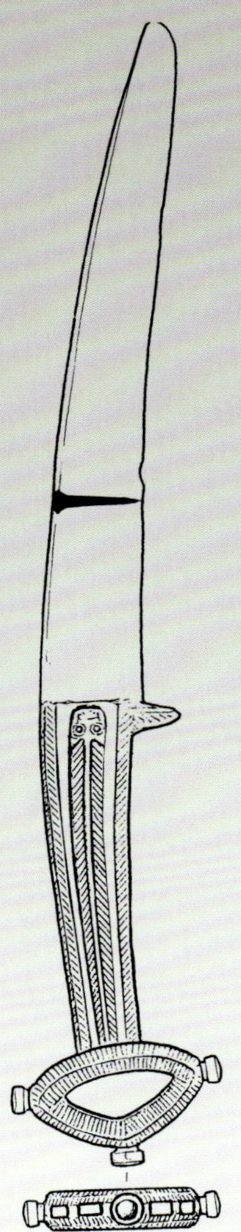

铃首剑

商

通长 32 厘米，格宽 5.7 厘米

1971 年山西省保德县林遮峪出土

铃首圆形，镂空，内有一小球。扁茎稍曲，有格。三角形剑身，菱形脊。近铃首处有一半环形系，茎饰直线纹。

三銎刀

商

长 26.7 厘米，宽 5.9 厘米

1958 年山西省石楼县下庄峁村出土

平刃，上有三管状銎，起连接固定之用。刀身饰一排乳钉纹。

兽面纹钺

商

通长 16.8 厘米，刃宽 11.2 厘米

1957 年山西省石楼县后兰家沟出土

体呈宽扁斧状。无阑，长方形内，内中部有一圆形小穿。刃呈弧状。体两面纹饰相同：钺身饰大张口兽面，内饰简易兽面纹。

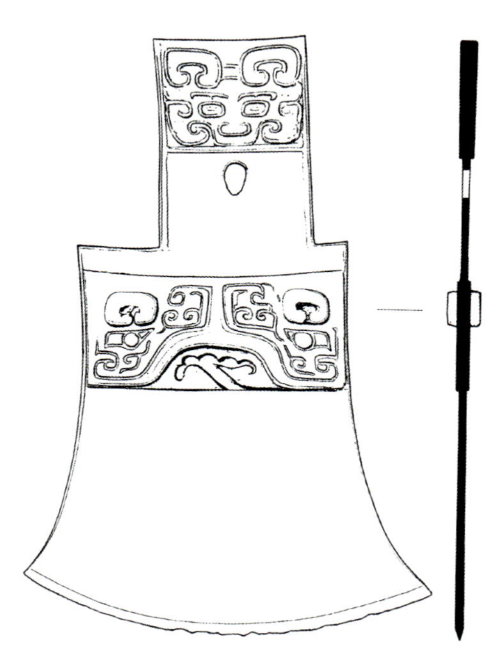

兽面纹矛

商

长 25 厘米，最宽 5.7 厘米

旧藏

刃叶尖而长，两翼作曲弧形下延，在末端形成半圆形系孔，骹呈椭扁形。骹部饰兽面纹和蕉叶纹。

铜胄

商

高 21 厘米，径 20 厘米

1964 年山西省太原市电解铜厂拣选

又称盔，作战时用以防护头部。形制呈帽形，前后作半圆形开口。两侧下垂宽护耳，底边平直，各有三圆形穿孔，弧顶中央置一方钮。通体素面。

叔乍旅鼎

西周

通高 35 厘米，口长 30.5 厘米、宽 24 厘米

2000 年山西省曲沃县北赵村晋侯墓地 113 号墓出土

立耳，平折沿，斜直壁，腹部下垂，下承四柱足。腹上部饰凸弦纹两道。器内壁铸铭“叔乍旅鼎”4字。

父丁鼎

西周
通高 21 厘米，口径 18.5 厘米
1957 年山西省洪洞县永凝堡出土

立耳，折沿，深腹下鼓，圜底，三柱足。腹上部饰凸弦纹两道。腹内壁铸铭“荎乍（作）父丁宝鼎”6字。

晋侯温鼎

西周

通高 23.7 厘米，口径 16.4 厘米

1992 年山西省曲沃县北赵村晋侯墓地 13 号墓出土

双附耳，窄折沿，腹略鼓，三卷尾鸟形扁足，三足连铸有圆形托盘，盘底有3个“十”字形镂孔。颈部饰回首卷体龙纹。腹内壁铸铭“晋侯乍（作）旅鼎”5字。

晋侯𩰫鼎

西周

通高 20.4 厘米，口径 22.2 厘米

1994 年山西省曲沃县北赵村晋侯墓地 92 号墓出土

双附耳，窄折沿，圜底，兽蹄形足。颈部饰鳞纹一周，下有凸起的弦纹一道。腹内壁铸铭4行22字："隹（唯）九月初吉庚寅，晋侯𩰫乍（作）铸尊鼎，其万年眉寿永宝用。"

晋侯邦父鼎

西周

通高 28.2 厘米，口径 29.2 厘米

1993 年山西省曲沃县北赵村晋侯墓地 64 号墓出土

双立耳，平折沿，腹壁较直，微显下垂，三兽蹄形足。颈部饰变形兽体纹，之间用扉棱分隔，腹部饰波曲纹，足上部有兽面装饰。腹内壁铸铭3行17字："晋侯邦父乍（作）尊鼎，其万年子子孙孙永宝用。"

云雷纹鼎

西周

通高 22 厘米，口径 20 厘米

山西省临汾市魏村镇西部村出土

立耳，窄折沿，敛口，鼓腹，圜底，下承三矮柱足。腹上部饰一周云雷纹。

双盖夔龙纹方盒

西周

高 8 厘米，长 12.2 厘米，宽 10.2 厘米

1974 年 7 月山西省闻喜县上郭墓地出土

盒为长方体，顶部有双扇盖子可以开启，盖面和器壁均饰夔龙纹，盖面有两只相对的圆雕虎形捉手，器壁饰虎形耳，虎四足弯曲，回首张望，尾卷曲。四足为裸体的人形，双腿弯曲作半蹲踞状，双臂反背负器身。

兽面纹鬲

西周

通高 16.6 厘米，口径 17 厘米

1994 年山西省曲沃县北赵村晋侯墓地 91 号墓出土

双附耳，宽斜折沿，束颈，袋形腹，短柱足，浅弧裆。腹部饰3组兽面纹，纹饰之间以扉棱分隔。

兽面纹甗

西周
通高 43.5 厘米，口径 27.5 厘米
山西省翼城出土

连体式甗。甑侈口，索状立耳，深腹，腹底有箅。口沿下饰一周兽面纹。鬲分裆高足，饰牛首纹。

叔钊父方甗

西周

通高 47.9 厘米，口长 32、宽 25 厘米

1993 年山西省曲沃县北赵村晋侯墓地 64 号墓出土

分体式甗。甑为上大下小的斗形，双立耳，斜直壁，底部铸有“十”字形镂孔。鬲为折沿，短直颈，双附耳有短梁与口沿相接，袋腹鼓出，浅分裆，兽蹄形足。甑颈部饰兽体变形纹，腹部饰波曲纹。鬲部每个袋腹两侧各有一个目纹。甑内壁铸铭3行15字：“叔钊父乍（作）柏姞宝甗，子子孙孙永宝用。”

恒父簋

西周

通高 19.8 厘米，口径 14 厘米

1980 年山西省洪洞县永凝堡出土

带盖，盖面隆起，上有圈形捉手，盖沿圆折，与器体以子母口扣合。器为弇口，斜肩鼓腹，兽首形双耳，下垂弯钩珥，圈足外撇。盖面圆折处和器口沿下各饰一周云雷纹，正面、背面有兽头装饰，圈足饰两道凸弦纹。盖内铸铭“乍（作）宝尊彝”4字，器底铸铭2行5字：“恒父乍（作）旅簋。”

器铭

盖铭

晋姜簋

西周

高 15.6 厘米，口径 24.1 厘米

1992 年山西省曲沃县北赵村晋侯墓地 13 号墓出土

敞口，束颈，直壁，圜底，喇叭形圈足。腹部饰上下交错的三角形曲折纹。器内底铸铭“晋姜乍(作)宝簋”5字。

休簋

西周

通高 37.2 厘米，口径 24.5 厘米

1993 年山西省曲沃县北赵村晋侯墓地 64 号墓出土

共4件，形制、大小、纹饰基本相同。带盖，盖为穹形顶，上有圈形捉手。口微侈，束颈，双附耳，前后设贯耳，鼓腹，矮圈足外撇下接方形底座。器身饰竖条沟纹，方座四面各有6个长方形孔。4件中只有一件盖、器铸对铭4行26字："隹（唯）正月初吉，休乍（作）朕文考叔氏尊簋，休其万年子子孙孙永宝用。"其余3件只在器内铸铭。

晋侯断簋

西周

通高 47.9 厘米，口径 25 厘米

1992 年山西省曲沃县北赵村晋侯墓地 8 号墓出土

带盖，盖为穹形顶，上有圈形捉手。口微侈，束颈，鼓腹，兽首垂珥形双耳，圈足外撇下接方形底座，方座内底部有一环。盖顶、盖沿、颈部、腹部、圈足各饰一周兽目交连纹，以粗疏的横条沟纹相隔，方座四角饰牛角形兽面纹，边饰兽目交连纹。盖内和器内底铭文相同，铸4行26字：“隹（唯）九月初吉庚午，晋侯断乍（作）□簋 ，用享于文且（祖）皇考，其万亿永宝用。”

康生作单柄豆

西周

通高 14.5 厘米，口径 15 厘米

1974 年山西省太原市电解铜厂拣选

深腹平底，口微敛，唇边凸起，下承喇叭形高圈足，腹足间一侧置兽首形曲柄。通体以雷纹衬地，盘腹饰一周涡纹，间饰回首夔纹，足上部饰一周夔纹，下垂四组蕉叶纹，间饰兽面纹。盘内底铸铭2行10字："康生作文考癸公宝樽彝。"

猪尊

西周

通高 22.4 厘米，长 39 厘米

2000 年山西省曲沃县北赵村晋侯墓地 113 号墓出土

尊作猪形，站立状，猪嘴凸出，嘴角獠牙外露，双耳斜耸，形体肥硕，腹部中空，四足粗壮，尾巴上翘，背脊有鬃毛，背部有圆形开口并附盖。盖面装饰目雷纹一周，腹部两侧均有圆形凸起，装饰火纹和兽体变形纹。盖、腹铸对铭“晋侯乍（作）旅飤”5字。

晋侯鸟尊

西周

通高 39 厘米，长 30.5 厘米，宽 17.5 厘米

2000 年山西省曲沃县北赵村晋侯墓地 114 号墓出土

器作伫立回首的凤鸟形。头微昂，圆睛凝视，高冠直立。体丰满，两翼上卷，双足粗壮，凤尾下设一象首，象鼻向前卷曲，与双足形成稳定的三点用以支撑器体。凤鸟颈、腹、背、尾部饰羽翎纹，两翼与双足饰云纹。鸟背依形设盖，鸟形盖钮。盖内和腹底铸铭 “晋侯乍（作）向太室宝尊彝”9字。

兔尊

西周

通高 22.2 厘米，长 31.8 厘米

1992 年山西省曲沃县北赵村晋侯墓地 8 号墓出土

卧兔形，作匍匐状，双目前视，两耳向后抿拢，四腿蜷曲，背负圆形尊，尊口与器腹相通。腹两侧有圆形凸起装饰，纹饰由里向外依次为火纹、斜角雷纹和勾连雷纹。

兔尊

西周

通高 13.8 厘米，长 20.4 厘米

1992 年山西省曲沃县北赵村晋侯墓地 8 号墓出土

兔双目前视，两耳后抿，前肢点地，后腿弯曲。腹部两侧有圆形凸起装饰，纹饰由里向外依次为火纹、斜角雷纹和勾连雷纹。器腹中空，背上有圆角长方形开口，并覆以与器身浑然一体的盖，盖上置环形钮。

兽面纹尊

西周

高 22.4 厘米，口径 19 厘米

1980 年山西省曲沃县曲村出土

敞口，短颈，斜腹下垂，高圈足。颈、腹、圈足均有分段式扉棱装饰，口沿下饰蕉叶纹，颈和圈足饰“S”形蛇纹，腹部饰简易兽面纹，以云雷纹衬底，兽面双目凸出，鼻梁上方有兽首装饰。器内底部铸铭2行5字：“白（伯）乍（作）宝尊彝。”

兽面纹提梁卣

西周

通高 21.4 厘米，口长 11.2、宽 9.1 厘米

1980 年山西省曲沃县曲村出土

整器横截面呈扁椭圆形。带盖，盖面有圈形捉手，体盖以子母口扣合，颈部有兽首形提梁，腹部微垂，圈足微外撇。全器以云雷纹衬地，盖面与腹部饰兽面纹，盖沿与圈足饰“S”形蛇纹。盖、器、圈足装饰扉棱。盖内和器底铸对铭 “白（伯）乍（作）宝尊彝”5字。

虿父己卣

西周

通高 33.7 厘米，口径 9.4 厘米

1962 年 9 月山西省翼城县凤家坡遗址出土

带盖，上有圈形捉手。器直口，短颈，双兽首形提梁，斜肩，鼓腹下垂，圈足外撇。盖面、颈部和圈足饰以相向夔龙纹组成的兽面纹。盖内及器内底铸有对铭“虿父己”3字。

晋侯僰马壶

西周

通高 42.6 厘米，口径 16 厘米

1994 年山西省曲沃县北赵村晋侯墓地 92 号墓出土

共2件，形制、大小、纹饰基本相同。带盖，圈形捉手，长子口深入壶颈。壶侈口，短颈，颈两侧饰虎首形錾，鼓腹下垂，高圈足。颈部饰长冠回首式凤鸟纹，腹部饰宽带纹，圈足饰长冠卷尾式凤鸟纹。盖顶内铸铭3行12字：“晋侯僰马乍（作）宝尊壶，其永宝用。”

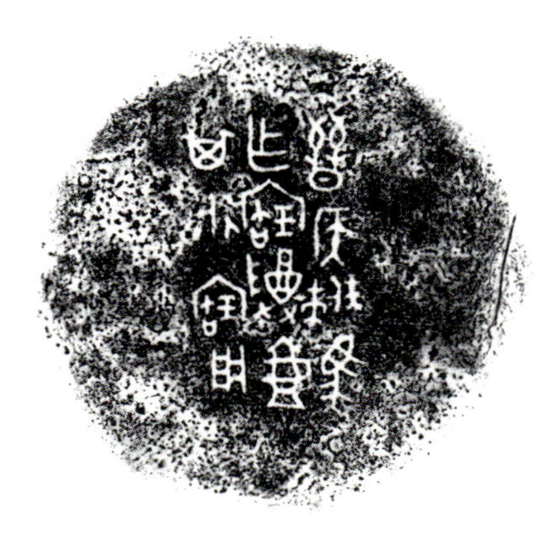

晋侯断壶

西周

通高 68.8 厘米，口长 24.4、宽 20 厘米

1992 年山西省曲沃县北赵村晋侯墓地 8 号墓出土

椭方形，带盖，镂空波曲形口沿，长颈，象鼻形兽头套环双耳，鼓腹，圈足。盖面饰体躯交缠的吐舌龙纹，颈部上下依次饰兽目交连纹、波曲纹和鳞纹，腹部饰双体龙纹，龙首为高浮雕，圈足饰兽目交连纹。盖内铸铭4行26字："隹（唯）九月初吉庚午，晋侯断乍（作）尊壶，用享于文且（祖）皇考，其万亿永宝用。"

立鸟盖壶

西周

通高 21 厘米，口径 6 厘米

1993 年山西省曲沃县北赵村晋侯墓地 62 号墓出土

平盖直缘，以站立的鸟作盖钮。小口，长颈，溜肩，鼓腹下垂，喇叭形矮圈足。通体光素无纹。

兽目交连纹方壶

西周

通高 54.5 厘米，口长 19、宽 14.3 厘米

1993 年山西省曲沃县北赵村晋侯墓地 64 号墓出土

整器横截面为扁方圆角体。带盖。长颈，垂腹，圈足。两耳作兽首衔环，耳下端各出一上卷象鼻。盖沿与器身均饰兽目交连纹，腹部由宽带交叉形成“十”字形分区，在交叉点有方锥体凸出。圈足饰数道凸弦纹。

杨姞壶

西周

通高 35.8 厘米，口径 12.4 厘米

1993 年山西省曲沃县北赵村晋侯墓地 63 号墓出土

共2件，形制、大小、纹饰基本相同。带盖，盖为圈形捉手，与器体子母口套合。口微侈，长颈斜收，兽首套环双耳，鼓腹略下垂，高圈足。盖沿和圈足饰兽目交连纹，颈部饰波曲纹和兽目交连纹，腹部有三周纹饰，依次为鳞纹、兽目交连纹、鳞纹，并以横条沟纹相间隔。盖子口外壁与壶颈内壁铸铭2行9字："杨姞乍（作）羞醴壶，永宝用。"

变形兽纹盉

西周

通高 30 厘米，口径 18 厘米，流长 12.5 厘米，带流长 35 厘米

1994 年山西省曲沃县北赵村晋侯墓地 92 号墓出土

带盖，盖为穹形顶，上有圆形捉手。器侈口，束颈，袋形腹分裆，下接三柱足，腹部前有管状形流口，后有象首形鋬以链条与盖相接。盖面与颈部饰“S”形的兽体变形纹。

立鸟人足筒形器

西周
通高 23.1 厘米，口径 9.1 厘米
1993 年山西省曲沃县北赵村晋侯墓地 63 号墓出土

圆筒形。带盖，盖与器体以子母口套合。盖平顶，上有圆雕立鸟形钮，鸟弯喙，双目圆睁，作振翅欲飞状。器为平口，口沿有一对贯耳，直壁，方形底座，底座四壁各有一个人形足以承器体。人发髻高耸，赤身裸体，屈膝下蹲，作奋力抬举器物状。盖顶饰斜角纹一周，盖沿和口沿饰兽体变形纹，筒腹饰波曲纹和鳞纹，方座饰波曲纹。方座内底有两只小铃，铃内有舌，可发出声响。

鸟盖人足盉

西周

通高 34.6 厘米，流鋬长 35.5 厘米，身径 21.5 厘米

1992 年山西省曲沃县北赵村晋侯墓地 31 号墓出土

器体扁圆，顶有长方形口，口沿外侈，上有圆雕的振翅鸟形盖，以熊形链条与器体相接，前有昂首曲颈的龙首形流，后为兽首形鋬，器下为两个裸体的半蹲人形足，身前倾，背负器身。盉身上部饰体躯相交的龙纹，两侧由内向外依次饰蜷曲龙纹、鳞纹、斜角云纹。

双耳罐

西周

高 14.5 厘米，口径 10.7 厘米

2000 年山西省曲沃县北赵村晋侯墓地 113 号墓出土

敞口高领，束颈斜肩，折腹下收，平底。绳索形双折耳，腹部饰绳纹一周。

晋侯喜父盘

西周

通高 14.3 厘米，口径 45.6 厘米

1994 年山西省曲沃县北赵村晋侯墓地 92 号墓出土

双附耳，窄折沿，浅腹，圈足微撇。口沿下饰凤鸟纹一周，圈足饰斜角云纹，均以云雷纹衬底。盘内底铸铭4行27字："隹（唯）五月初吉庚寅，晋侯喜父乍（作）朕文考剌（厉）侯宝盘，子子孙孙其永宝用。"

兽面纹铙

西周

通高 19.2 厘米，铣距 13.4 厘米

1993 年山西省曲沃县北赵村晋侯墓地 64 号墓出土

口部微凹呈弧形，铣尖，甬部较短且中空，与腔体相通。钲部饰虎耳形兽面纹，双目凸出，线条流畅。

晋侯苏编钟

西周

大：通高 25.7 厘米，铣距 14.8 厘米

小：通高 22.4 厘米，铣距 12.8 厘米

1992 年山西省曲沃县北赵村晋侯墓地 8 号墓出土

共16件，本馆存2件，另14件由上海博物馆从海外征集收藏。钟舞部与篆部饰变形兽体纹，鼓部饰卷云纹，鼓侧饰鸾鸟纹，钲中部分别刻铭“年无疆，子子孙孙”“永宝兹钟”。

楚公逆钟

西周

通高由大到小依次为 54、51、50.6、47.8、36、32.3、24、22.4 厘米

铣距由大到小依次为 31、29、28、27.4、19.8、17.5、13、12.1 厘米

1993 年山西省曲沃县北赵村晋侯墓地 64 号墓出土

1套8件。钟体长腔封衡。甬为上细下粗的椭方形，甬下部有旋有斡，钲部两面各有18个平顶两段式枚，于部微凹，弧度较浅，两铣尖锐。旋饰目雷纹。舞部两面微下倾，饰宽带卷云纹。钲、篆、枚部位之间，隔以夹有乳刺的双阴线，篆饰长脚蝉纹。隧部饰龙、凤、虎纹纠结图案，两组对称排列。在钲部铸有长篇铭文。

夔龙纹编钟

西周

最大者通高 49 厘米，铣距 25 厘米；最小者通高 21 厘米，铣距 10.5 厘米

1994 年山西省曲沃县北赵村晋侯墓地 93 号墓出土

1套16件，较大的8件为低音组，较小的8件为高音组。甬为圆柱形，内部中空与腔体相通，甬下部有旋和干，共鸣箱为扁突体，似上下覆瓦构成，钲部两面各有18个枚，鼓部较宽，于部微凹，弧度较浅，两铣尖锐。篆部饰“S”形的变形兽体纹，鼓部饰回首相对的夔龙纹。

波曲纹虎足方盒

西周

通高 8.5 厘米，口长 12、宽 7.7 厘米

1993 年山西省曲沃县北赵村晋侯墓地 62 号墓出土

盒为长方形。口径略大于底径，斜直壁，顶部有立体的虎形捉手，两扇小盖可以开启，盒下部有四虎形足，虎首朝外。盒四壁上部饰鳞纹，下部饰波曲纹。

龙耳人足方盒

西周

通高 9.3 厘米，口长 19.2、宽 8.8 厘米

1993 年山西省曲沃县北赵村晋侯墓地 63 号墓出土

盒为长方形。平顶，直壁，人形足。顶部有两扇可以开启的小盖，其中一扇设卧虎形钮，四壁各攀爬一条回首吐舌的龙形耳，四隅有勾曲形棱脊。人形足裸身跽坐，背对盒体，双手后摆以示负重。盖面饰双头龙纹，四壁饰兽体变形纹和波曲纹。

刖人守囿挽车

西周

通高 9.1 厘米，长 13.7 厘米，宽 11.3 厘米

1989 年 5 月山西省闻喜县上郭墓地出土

长方形箱式。车顶部有双扇盖可以开启，盖面嵌有一猴形捉手，周边围绕四只振翅欲飞的小鸟，器壁饰相背的凤鸟纹，并有兽形装饰，器足由两大、四小共六个轮子组成，可挽环牵引，可用手推转动。器壁一侧开一小门，门扉上一铜人头戴尖帽、左脚残、左手持拐杖，门栓从此人的右臂腋下穿过，可来回穿插，控制车门开闭。整车上下共有猴、虎、鸟等14个动物形象，阵容庞大，形象刻画了西周贵族"域养禽兽"的苑囿之景。可转动的部位共计15处，是西周时期在青铜铸造工艺和机械制造水平方面最具代表性的作品。

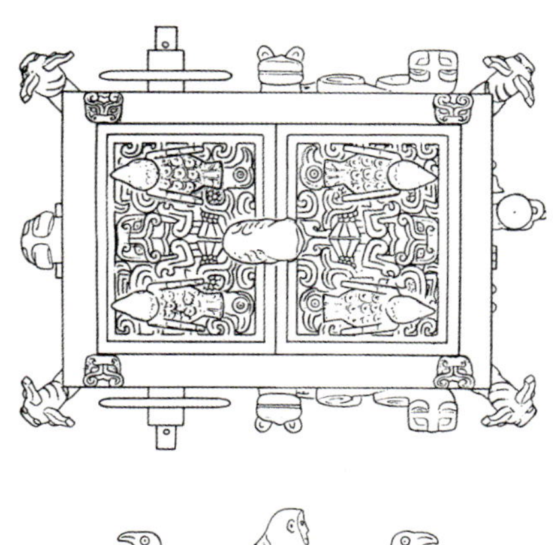

蟠螭纹镬鼎

春秋

通高 93 厘米，口径 102 厘米

1988 年山西省太原市金胜村赵卿墓出土

双附耳外撇，直口平唇，束颈，鼓腹圆收形成圜底，下承三兽蹄足。腹部以绹索纹分隔成上下两部分，均饰牛头双身蟠螭纹，前后各有一环形耳，蹄足上部饰兽头。

蟠虺纹鼎

春秋

通高 66 厘米，口径 63.2 厘米

1961 年山西省侯马市上马墓地出土

附耳外侈，大口，窄沿，深腹，圜底，兽蹄形足。腹上部饰蟠虺纹，下部饰垂叶纹，内填双头对称蟠螭纹。颈、肩和腹部均以绹索纹分隔。足根部饰兽头。

波曲纹列鼎

春秋
高由大到小依次为 36.7、34、31.5、30.2、29 厘米
口径由大到小依次为 45、42.7、39.2、37.1、33.4 厘米
1994 年山西省曲沃县北赵村晋侯墓地 93 号墓出土

1套5件，形制、纹饰基本相同，大小依次成列，是晋侯墓地出土最完整的一套列鼎。宽平沿，双附耳用短横梁与口沿相接，浅腹圜底，三兽蹄形足。口沿下饰一周兽目交连纹，腹部饰波曲纹。

蟠蛇纹镂空鼎

春秋

通高 24 厘米，口径 26.3 厘米

1965 年山西省新绛县柳泉村采集

双附耳，平折沿，束颈，腹部微鼓，圜底，下接三兽蹄足。腹部有内外两层，外层以绹索纹分隔，镂空两周小蛇相互蟠绕纹饰带，形体变化万千，似群蛇游动。足根部饰兽面。

庚儿鼎

春秋

通高 43 厘米，口径 48 厘米

1961 年山西省侯马市上马墓地出土

双附耳，窄平沿，束颈，腹部圆收形成圜底，下置三兽蹄足。腹部饰蟠螭纹两周，中间以绹纹相隔，足根部饰兽头。腹内壁铸铭3行29字："隹（唯）正月初吉丁亥，徐王之子庚儿，自乍（作）飤緐，用征用行用龢用□，眉寿无疆。"

蟠螭纹盖鼎

春秋

通高 41.2 厘米，口径 37.2 厘米

1973 年山西省侯马市上马墓地出土

带盖，盖有镂空螭纹捉手。双附耳微外撇，深鼓腹，圜底，下承三兽蹄足。盖面、口沿下饰蟠螭纹，腹部饰蕉叶纹。

卧牛钮蹄足盖鼎

春秋
通高 11.3 厘米，口径 10.4 厘米
1988 年山西省太原市金胜村赵卿墓出土

盖为穹顶形，中央有半环钮套环形捉手，周边置三个圆雕卧牛，牛头前昂，屈膝弯腿，躺卧在地。器弇口，颈部较直，双附耳向外微撇，腹壁圆收形成平底，下承三兽蹄足。盖面与器体分饰两周蟠螭纹，腹部以绹索纹分隔，蹄足根部线刻兽面纹。

蟠螭纹盖鼎

春秋
通高 39.5 厘米，口径 32 厘米
1961 年山西省侯马市上马墓地出土

覆盘形盖，盖上有三环形钮，中央有一微凸的螭虎。附耳微曲，鼓腹，圜底，下承三细长兽蹄足。盖与器身均饰蟠螭纹。

环耳盖敦

春秋

通高 17 厘米，口径 18 厘米

1961 年山西省侯马市上马墓地出土

共4件，形制、大小基本相同。盖与器合成扁圆体。盖面有三个半环形钮，器身口沿处两侧各置一环形钮，三矮兽蹄足。通体素面。

蟠螭纹升鼎

春秋

高由大到小依次为 45、40.5、37、35、31、28、26.5 厘米

口径由大到小依次为 45、40.5、37.5、35、31、28、24.4 厘米

腹径由大到小依次为 48、43.5、40.5、38.5、36、34、30.2 厘米

1988 年山西省太原市金胜村赵卿墓出土

1套7件，形制、纹饰基本相同，大小依次成列。带覆盘形盖，盖为平顶，上置三个环形小钮，可倒置成为盘。器口微敛，双附耳外撇，腹微鼓，腹壁圆收形成圜底，下承三兽蹄足。盖面由内向外依次饰凤纹、牛头双身螭纹、夔龙纹，腹部饰牛头螭纹和夔龙纹，足跟部饰兽头。出土时鼎腹内置牛、猪、羊等动物骨骼。

螭凤纹镬鼎

春秋

通高54厘米，口径54厘米

1988年山西省太原市金胜村赵卿墓出土

1套5件，形制、大小、纹饰基本相同。双立耳外撇，直口平唇，束颈，鼓腹圆收形成圜底，下承三兽蹄足。立耳的正背两面上部为“C”形蟠螭纹，两侧为“S”形蟠螭纹。腹部以凸弦纹分隔成上下两部分，颈部和腹下部均饰“S”形螭凤纹，腹上部饰交龙纹，蹄足根部饰兽头。

卧牛形钮盖列鼎

春秋
高由大到小依次为30、28、26、24、22厘米
口径由大到小依次为30、28、26.5、24、22厘米
腹径由大到小依次为37、33.6、33.5、31.5、26.5厘米
1988年山西省太原市金胜村赵卿墓出土

1套5件，形制、纹饰基本相同，大小依次成列。带盖，盖为穹顶形，中间有桥钮套环形捉手，周边置三个卧伏状犀牛形钮。器为弇口，圆腹微鼓，两侧有一对铺首衔环耳，下承三兽蹄足。盖面上由内向外饰三组纹饰，依次为鸟纹、牛头双身螭纹和夔龙纹，腹部饰一周牛头双身螭纹，一周夔龙纹。出土时最小的鼎内置两副雁骨架。

铺首环耳螭纹蹄足升鼎

春秋

高由大到小依次为 32.8、30、26、25、24、22 厘米

口径由大到小依次为 31.2、32、29、26、23、24 厘米

腹径由大到小依次为 37.2、34、31、29、28.5、27 厘米

1988 年山西省太原市金胜村赵卿墓出土

1套6件，形制、纹饰基本相同，大小依次成列。覆盘形盖，盖为平顶，上置三个环形小钮。器为弇口，唇微敛，腹微鼓，铺首衔环双耳，腹壁圆收形成圜底，下承三兽蹄足。盖面由内向外依次饰凤鸟纹、蟠螭纹和夔龙纹，腹部饰蟠螭纹和夔龙纹。出土时鼎内有牛骨和羊骨。

匜鼎

春秋
通高 8.4 厘米，口径 9.3 厘米
1974 年 7 月山西省闻喜县上郭墓地出土

双附耳，圜底，三蹄足，口沿微外敞，一侧有流。腹部饰凸弦纹一周，流口处盖面饰一兽面。附盖，盖面饰鸾鸟纹，中部有桥形钮。

匜鼎

春秋
通高 8 厘米，口径 10.2 厘米
1974 年 7 月山西省闻喜县上郭墓地出土

双附耳，圜底，三蹄足，口沿微外敞，一侧有流。口沿下饰窃曲纹，腹部饰双层垂鳞纹。附盖为圆形，盖面饰兽首和鸾鸟纹，盖中部铸一立兽形钮。

申五矩甗

春秋

通高 43.6 厘米，口长 28、宽 23 厘米

1978 年山西省闻喜县上郭村出土

分体式甗。甑为上宽下窄斗形。侈口，双立耳，深腹，腹壁斜收，平底有箅孔，下部有插入鬲口的榫圈；鬲为直口短颈，肩上一对方圈耳与口沿相接，袋形腹，平裆，兽蹄形足。甑口沿下饰双龙首的兽目交连纹，腹壁饰夔龙纹。甑壁内侧铸铭4行22字："申五氏孙矩乍（作）其旅甗，其眉寿无疆，子子孙孙永宝用之。"专家原释"申"为"董"。

蟠虺纹甗

春秋

通高 53 厘米，口径 26 厘米

1961 年山西省侯马市上马墓地出土

分体式甗。甑口部微敛，附耳微曲，深腹，腹底有箅，器身饰蟠虺纹。鬲窄平沿，束颈，圆肩，肩部两侧各置一钮耳系环，宽腹平裆，足跟细高。

夔龙纹鬲

春秋

高 11 厘米，口径 14.4 厘米

1988 年山西省太原市金胜村赵卿墓出土

1套5件，形制、大小、纹饰基本相同。平口折沿，束颈，腹部微鼓，裆部近平，下承三空心兽蹄足。腹部饰一周夔龙纹，以龙形扉棱相隔。

夔龙纹鬲

春秋

高 10.3 厘米，口径 14.2 厘米

1961 年山西省侯马市上马墓地出土

宽折沿，短束颈，鼓腹，三蹄足。腹部出棱脊并饰一周夔龙纹，下接一周倒三角纹。

蟠螭纹甗

春秋

通高 53.4 厘米，口径 44.7 厘米

1988 年山西省太原市金胜村赵卿墓出土

分体式甗。甑平折沿，束颈，腹壁斜收，小平底。底铸成圆形箅，箅孔呈辐射形。肩、颈间有一对兽面铺首衔环。甑颈部有一周蟠螭纹。腹部有宽、窄两周蟠螭纹带，螭互相纠结。下腹部饰垂叶纹，叶内填一对相向的夔龙纹。鬲直口，宽肩，鼓腹，三柱足，联裆，腹部饰一周凸弦纹。

蟠螭纹甗

春秋

通高 29.5 厘米，口径 22.5 厘米

1988 年山西省太原市金胜村赵卿墓出土

分体式甗。甑折沿，直颈，铺首衔环双耳，下腹内收成平底，底镂空辐射状箅孔。颈部与下腹部饰“S”形夔凤纹，上腹部饰牛头双身蟠螭纹。鬲为平口，直颈，圆肩，铺首衔环双耳，鼓腹圆收形成圜底，下承三兽蹄足。肩部饰牛头双身蟠螭纹，腹部饰凸弦纹一道。

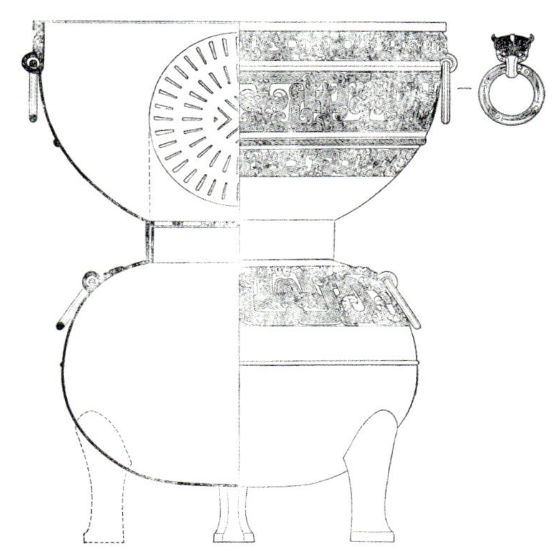

蟠虺纹簠

春秋

通高19厘米，长36厘米，宽21.5厘米

1988年山西省太原市金胜村赵卿墓出土

共2件，形制、大小、纹饰基本相同。长方形，上盖下体，体盖形制基本相同。盖口沿有6个突齿，紧扣器体。器体平口，直壁，下腹壁折为平底，下接四个矩形足，两端有两对称的兽头环形耳。腹壁饰“C”形蟠虺纹。

窃曲纹列簋

春秋

通高 25.7 厘米，口径 20.2 厘米

1994 年山西省曲沃县北赵村晋侯墓地 93 号墓出土

1套6件，形制、大小、纹饰基本相同。带盖，盖为穹形顶，上有圈形捉手。器为侈口，鼓腹，兽首垂珥形双耳，底近平，圈足，下置三兽形矮足。盖、器体均饰横条沟纹和窃曲纹，圈足饰鳞纹。

蟠虺纹方座豆

春秋

通高 19 厘米，口径 18.4 厘米

1988 年山西省太原市金胜村赵卿墓出土

共4件，形制、大小、纹饰基本相同。平沿，折唇，敛口，束颈，腹部圆收成圜底，四环形耳，下接喇叭形圈足与方座连接。颈部饰粗绹索纹，环耳饰回纹和贝纹，腹部饰蟠虺纹两周，方座四壁饰“S”形蟠螭纹。

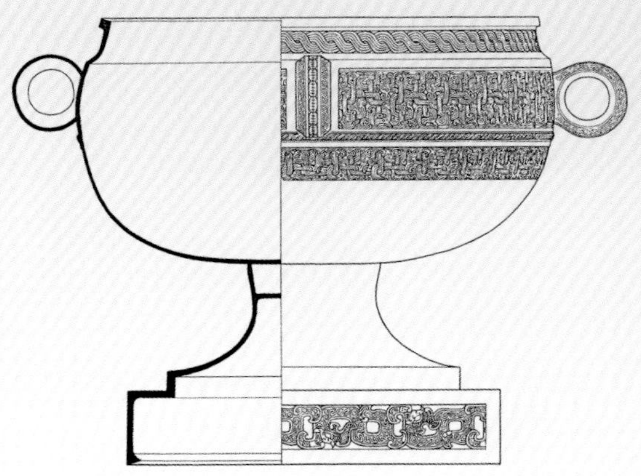

蟠虺纹盖豆

春秋
通高 19.5 厘米，口径 18.5 厘米
1988 年山西省太原市金胜村赵卿墓出土

共4件，形制、大小、纹饰基本相同。盖覆碗状，圆捉手，母口。体子口，唇内敛，两侧有一对贯耳，小平底，下接喇叭形足。盖、体、圈足饰粗虺纹。

夔凤纹浅盘高柄豆

春秋
高 19 厘米，口径 18.4 厘米
1988 年山西省太原市金胜村赵卿墓出土

共2件，形制、大小、纹饰基本相同。平沿，直壁，浅腹平底，束腰高柄，上粗下细，下接喇叭形圈足。盘壁饰一周夔凤纹，圈足饰一周绹索纹。

蟠虺纹盖豆

春秋

通高 21.3 厘米，口径 18.4 厘米

1988 年山西省太原市金胜村赵卿墓出土

共4件，形制、大小、纹饰基本相同。盖覆碗状，圆形捉手，母口。体子口，唇内敛，两侧有一对贯耳，小平底。下承喇叭形矮圈足。盖面捉手中心外侧有4周纹饰，由里及外依次为：三角回纹、绹索纹、勾连云纹、云头三角纹。盖、体共有宽、窄4周细虺纹，以凸弦三角纹为界纹。口沿上3周“>”纹，下腹部为垂叶纹，内填“S”形夔龙。贯耳上饰贝纹和绹索纹。

鸟尊

春秋

通高 25.3 厘米，长 36.5 厘米

1988 年山西省太原市金胜村赵卿墓出土

形如昂首挺立的鸷鸟，形体肥硕。头顶有冠和双角，双目圆睁，颈细长，勾喙。腹腔中空，与颈、喙相通，锋锐的钩喙为自动开合的流口，倾倒酒液时自动开启，复位时自动闭合。鸟背设盖，上有虎形提梁，盖以链条与提梁相连。鸟双腿直立，足间有蹼。鸟尾下设一虎形支脚，小虎前腿支地，后腿向上蹬，形成三点支撑器体。通体浮雕羽翼。

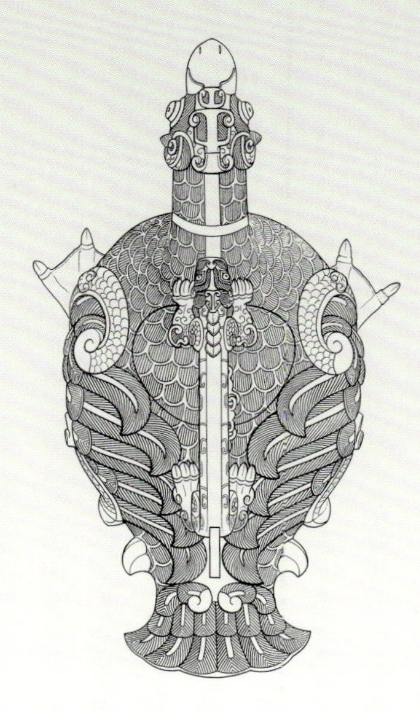

夔凤纹兽耳罍

春秋

高 36 厘米，口径 17.2 厘米

1988 年山西省太原市金胜村赵卿墓出土

共2件，形制、大小、纹饰基本相同。小口，束颈，溜肩，腹斜收成平底。肩部饰兽首套环耳和铺首衔环各一对，兽首唇部向上卷曲，双目凸出，头长犄角，表情狰狞凶恶，环饰斜角云纹。罍颈部饰夔凤纹，肩部、上腹部饰交龙纹，下腹部饰兽目交连纹和垂叶纹，垂叶纹内填夔凤纹。纹饰采用高浮雕技法制作。

变形兽体纹方壶

春秋

通高48.6厘米，口长18.2、宽13.5厘米

1994年山西省曲沃县北赵村晋侯墓地102号墓出土

壶为椭方体。带盖，盖与器身子母口套合，盖上有圈形捉手。器口微侈，长颈内收，颈部设兽首套环双耳，鼓腹下垂，圈足。圈形捉手饰鳞纹一周，盖沿、壶颈、圈足饰带状变形兽体纹，腹部由宽带交叉形成“十”字形分区，在交叉点有方锥体凸出，每个区域内装饰4组变形兽体纹。

晋叔家父方壶

春秋
通高 50.8 厘米，
口长 18.8、宽 14 厘米
1994 年山西省曲沃县北赵村晋侯墓地 93 号墓出土

共2件，形制、大小、纹饰基本相同。壶为椭方形，带盖，大圈形捉手，口微侈，长颈，颈两侧有龙形翘鼻的兽首套环形双耳，鼓腹下垂，圈足微撇。捉手内饰相交的两头龙纹，盖沿、器颈饰兽体变形纹，口沿下饰一周三角形几何纹，腹部由相交的线条组成“十”字形界栏，在每个交叉点上有方锥体凸出，界栏内的每一区域内均饰兽目交连纹，圈足饰斜角云纹。盖的子口内侧铸铭4行17字：“晋叔家父乍（作）尊壶，其万年子子孙孙永宝用。”

虞侯政方壶

春秋

通高 40.8 厘米，口长 17、宽 12.7 厘米

1979 年山西省潞城县潞河村出土

侈口，短颈，兽首套环双耳，鼓腹下垂，圈足外撇。颈部饰相对的长冠凤鸟纹，腹部由宽带交叉形成“十”字形分区，在交叉点有方锥体凸出，圈足饰波曲纹。壶颈内壁铸铭4行24字：“隹（唯）王二月初吉壬戌，虞侯政乍（作）宝壶，其万年子子孙孙永宝用。”

蟠龙纹方壶

春秋
通高 84 厘米，
口长 21.5、宽 17.5 厘米
1961 年山西省侯马市上马墓地出土

方形带盖，捉手镂空蟠螭纹，四角贴附蟠龙。壶口微侈，长颈，颈两侧附兽首套环耳，鼓腹，高圈足。颈、腹四角贴龙形扉棱，盖沿饰“S”形龙纹，颈上部饰波曲纹，下部饰龙纹，腹部饰蟠龙纹，圈足饰镂空蟠螭纹。

络绳纹壶

春秋
通高 26 厘米，口径 9 厘米
山西省闻喜县邱家庄 9 号墓出土

敞口，束颈，溜肩，鼓腹，平底，矮圈足。肩两侧各置一环耳。腹部饰络绳纹。

陈信父壶

春秋

高 28.5 厘米，口长 9.7、宽 7.1 厘米

1978 年山西省闻喜县上郭墓地出土

器体扁平，长方形口。直口微侈，短颈斜肩，环形双耳，肩以下斜收成平底，腹下部一侧有一圆形鋬。肩部饰四组回首相对的夔龙纹。颈部外壁铸铭5行20字："陈公孙信父乍（作）旅鈚，用祈眉寿，万年无疆，永寿用之。"

匏壶

春秋

通高 40.8 厘米，口径 6.7 厘米

1988 年山西省太原市金胜村赵卿墓出土

壶盖为圆雕立体的鸷鸟，双目圆睁，尖喙大张，俯伏状，全身精雕羽翎纹，一双利爪紧抓两条小龙，龙全力挣扎，龙身饰鳞纹。盖有子口凸榫，恰好与壶身母口扣紧。壶颈长而侧倾，鼓腹上有一虎形鋬，虎口衔一环，有链条与盖鸟尾连接。壶口沿下饰一周绹索纹，腹部饰4周乳丁蟠虺纹。匏壶因形似匏瓜而得名。

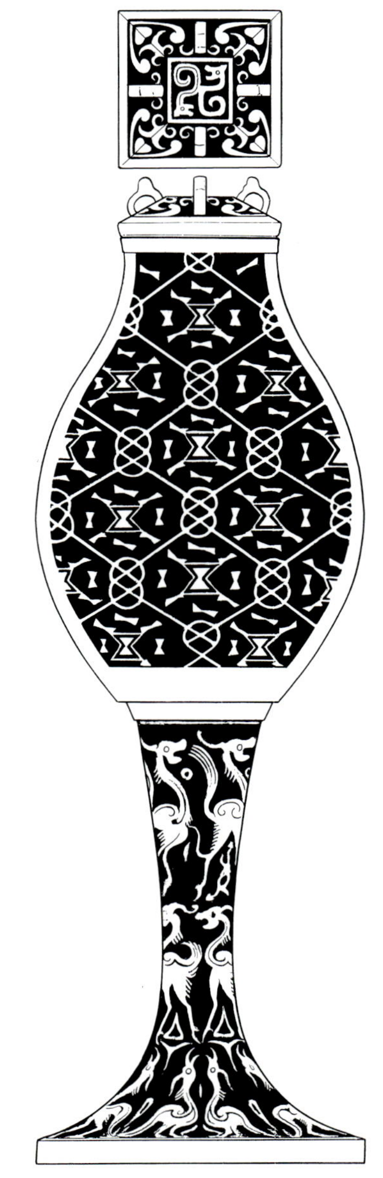

神鸟纹高足方壶

春秋

通高 28 厘米，口径 4.2 厘米

1988 年山西省太原市金胜村赵卿墓出土

共2件，形制、大小、纹饰基本相同。带盝顶式盖，上有四个对称环形小钮，以子口插入壶的母口内。壶为小方口，颈部微敛，溜肩，鼓腹，下腹内收形成平底，下承喇叭形高柄圈足。盖面四角饰心形图案，中央方框内两龙呈“卍”形相交，龙昂首卷尾，其中一件加绘黑线，以示雌雄之别。壶身饰几何纹图案，高柄和圈足饰三组神鸟纹，鸟或昂首阔步或伸颈长鸣。

宽带纹扁壶

春秋
高 38.8 厘米，口长 14.3、宽 12.3 厘米
1988 年山西省太原市金胜村赵卿墓出土

平沿，直口，溜肩，环形双耳，腹部圆收形成平底，下接椭圆形圈足。腹部以“十”字形交叉形成宽凸弦纹，下腹部一侧有一环形耳以便提携，倒酒时可当把手使用。

夔龙纹莲盖方壶

春秋

通高 66.7 厘米，口长 23.7、宽 21.3 厘米

1988 年山西省太原市金胜村赵卿墓出土

共4件，形制、大小、纹饰基本相同。长方形口，带盖，盖中空，子口可插入器口内，盖沿饰8片外侈的莲瓣，每片莲瓣镂空雕饰双夔龙纹。壶厚唇内敛，长颈，双兽形耳，鼓腹，方圈足。颈部饰相背夔龙组成的莲瓣纹和兽目交连纹。腹部凸起横竖宽带，交叉点呈方锥体，宽带内饰夔龙纹。

蟠螭纹双耳壶

春秋

通高 64 厘米，口径 21.5 厘米

1994 年山西省太原市一电厂出土

共2件，形制、大小、纹饰基本相同。平口外侈，束颈，回首虎形双耳，鼓腹，高圈足。盖饰四组镂空兽首双身纹。壶身饰四条蟠螭纹带，以斜角云雷纹为界隔。圈足饰波曲纹和绹索纹。

蟠螭纹双耳莲盖壶

春秋

通高49.5厘米，口径15.3厘米

1994年山西省太原市一电厂出土

共2件，形制、大小、纹饰基本相同。其中一件缺失盖和双耳。附莲瓣形盖。平口外侈，束颈，回首虎形双耳，鼓腹，高圈足。壶身饰5条纹饰带，颈部饰夔龙纹一周，其余均饰蟠螭纹，以绹索纹为界隔。盖沿与圈足均饰绹索纹。

斜角云纹铏

春秋

高 6.7 厘米，口长 11.7，宽 8.8 厘米

1989 年山西省闻喜县上郭墓地出土

器呈椭圆形，敛口，鼓腹，纵向两侧有兽首形环耳，横向两端各有一小环钮，平底。器身饰菱格纹，内填斜角云纹。

蟠虺纹舟

春秋
高 8.2 厘米，口长 16.4、宽 13.8 厘米
1988 年山西省太原市金胜村赵卿墓出土

共2件，形制、大小、纹饰基本相同。椭圆形，平口方折，束颈，腹部微鼓，平底，下承圈足。腹壁有一对环形耳，颈部饰两周斜角云纹，环耳饰贝纹和云纹，腹中部凸起一弦纹，弦纹上下饰细小的蟠虺纹，圈足饰相交缠的绹索纹。

夔龙纹舟

春秋

高 8.7 厘米，口长 19、宽 15.3 厘米

1988 年山西省太原市金胜村赵卿墓出土

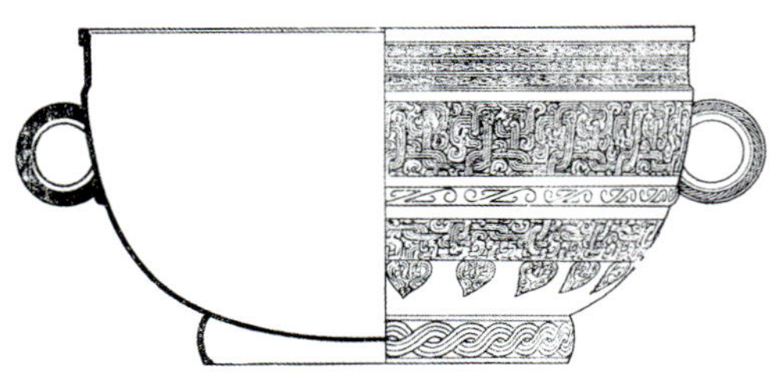

共2件，形制、大小、纹饰基本相同。椭圆形，厚唇微敛，束颈，腹略鼓，小圜底，下接圈足。腹壁有一对环形耳，腹部饰宽窄两周细夔龙纹。下腹部有垂叶纹，垂叶内用相向夔龙作填。上下纹带间用凸弦纹为分隔，内填勾云纹。

蟠虺纹三足盘

春秋

通高 12.8 厘米，口径 46.8 厘米

1973 年山西省侯马市上马墓地出土

直口，窄折沿，浅腹平底，下承三卷尾兽形足。器身饰两周蟠虺纹，以綯索纹为界隔。器壁有两对小钮衔环耳。

铜盘

春秋

通高 17 厘米，口径 44.5 厘米

1961 年山西省侯马市上马墓地出土

敞口，窄缘，双附耳，浅腹平底，三兽蹄足。通体素面。

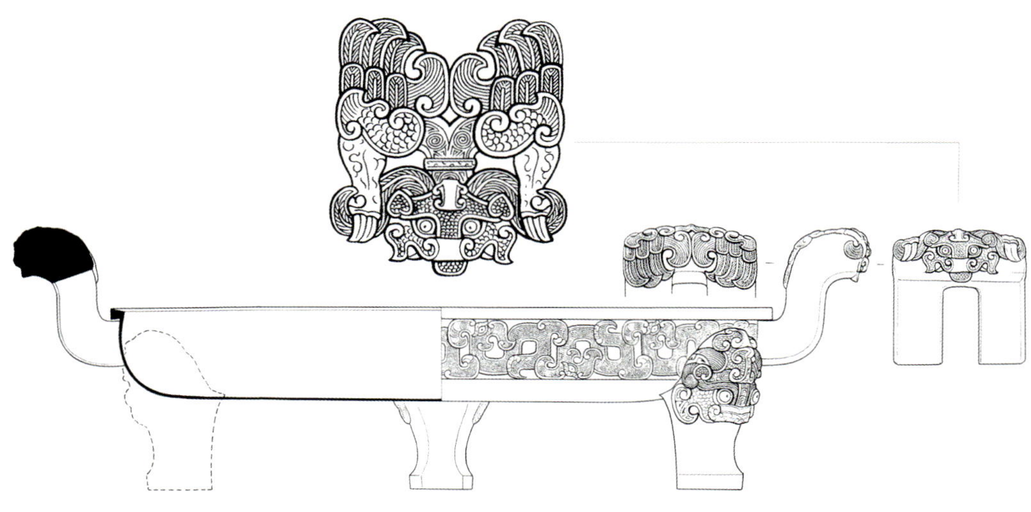

夔凤纹三足盘

春秋

通高 19.6 厘米，口径 48.4 厘米

1988 年山西省太原市金胜村赵卿墓出土

平沿，直壁，双附耳，浅腹，平底，下接三兽蹄足。腹壁饰一周“S”形夔凤纹带。附耳上端饰兽首鸟身纹。蹄足根部饰兽头。

虎头提梁匜

春秋

通高 18.8 厘米，长 35.8 厘米，宽 20.5 厘米

1988 年山西省太原市金胜村赵卿墓出土

椭圆形，平折沿，浅腹，圜底，虎头形流口。器底前部置双足，足趾间有蹼，后部有一直立虎形足。口沿上有伏虎形提梁，虎四爪紧抓器口，尾巴上卷。口沿下饰牛头双身蟠螭纹。

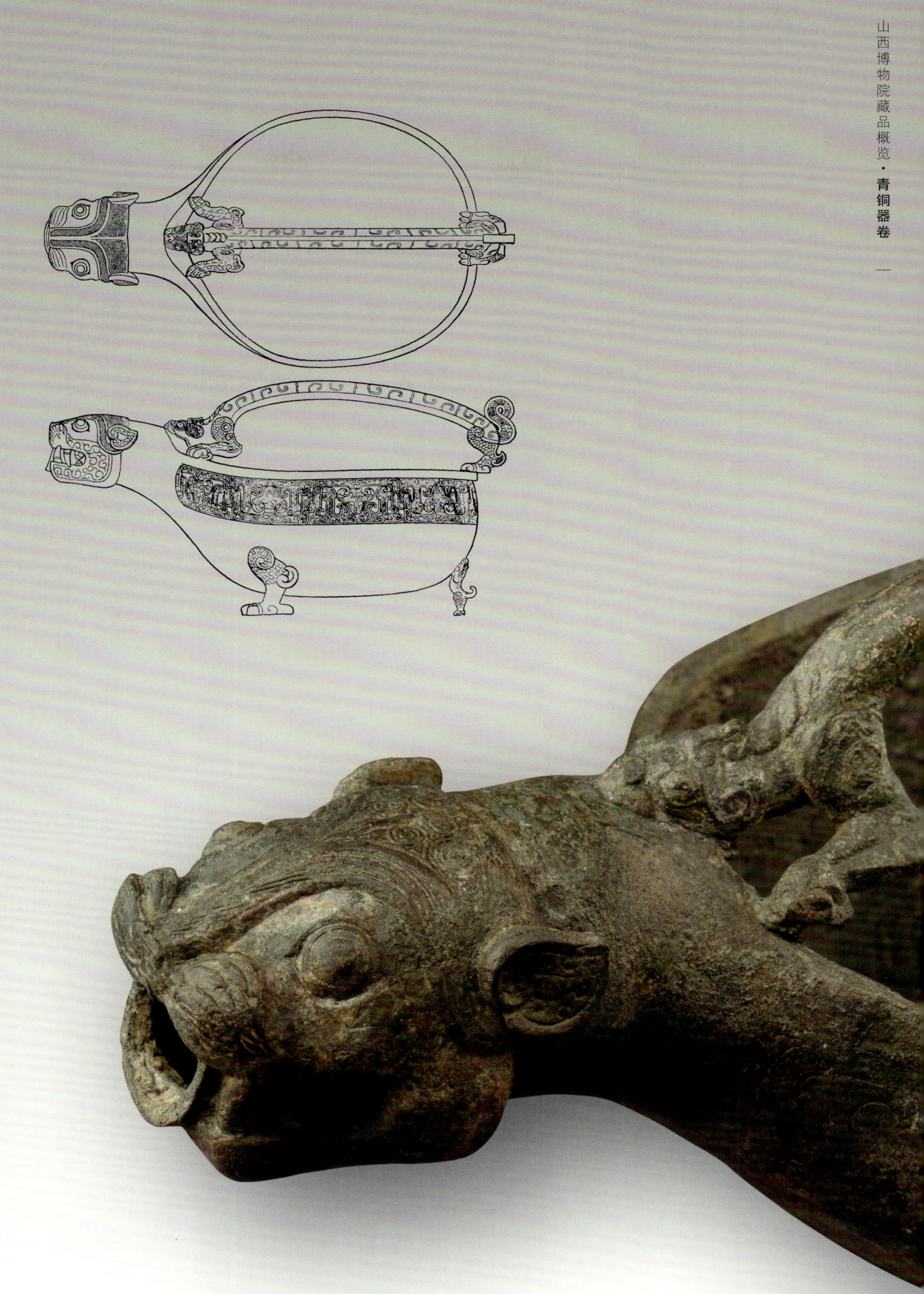

贮子匜

春秋

通长 36 厘米，宽 17 厘米

1974 年山西省闻喜县上郭墓地出土

口沿前高后低，流槽较宽，深腹圜底，后部有龙形鋬，龙口衔器口，下具四条扁兽足。口沿饰变形兽体纹，腹部饰横条沟纹。腹内底铸铭4行16字："隹（唯）王二月，贮子己父，乍（作）宝匜，其子子孙孙永用"。

荀侯匜

春秋

通高 22.5 厘米，通长 42 厘米，宽 17.5 厘米

1974 年山西省闻喜县上郭墓地出土

口沿前高后低，流槽较宽，深腹圜底，后部有龙形鋬，龙口衔器口，下具四条扁兽足。口沿和鋬身饰重环纹，腹部饰横条沟纹。腹内底铸铭3行14字：“荀侯稽乍(作)宝匜，其万寿子子孙孙永宝用。”

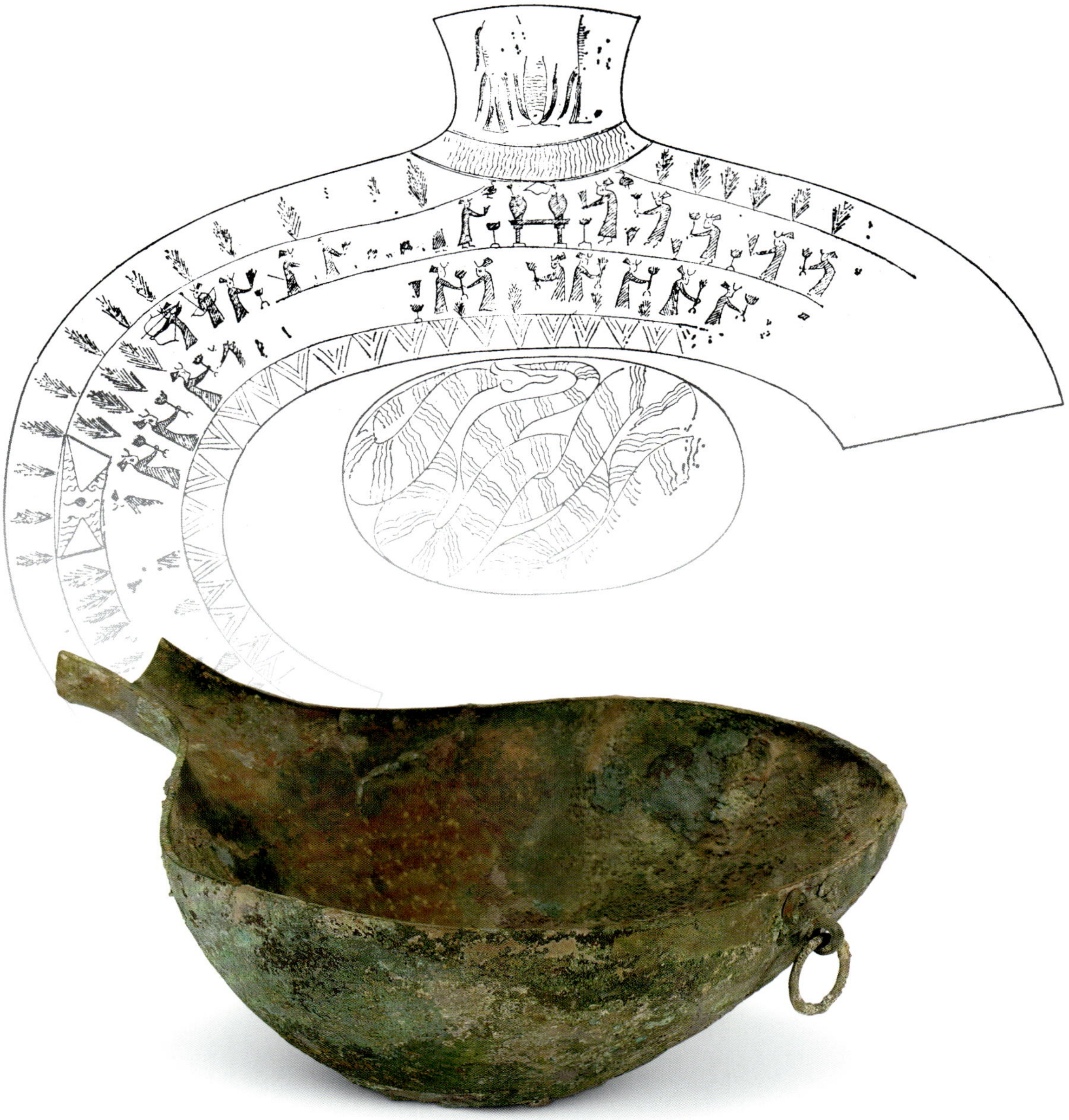

线刻投壶纹匜

春秋
通高 11.2 厘米，口长 25.4、宽 24 厘米
1988 年山西省太原市金胜村赵卿墓出土

器身椭圆形，敞口，腹壁内收，小平底。带流，流相对处有一铺首衔环。胎薄似纸，器外壁无纹饰。内壁刻划浅线条纹样：流部有3条游动的鱼。临近流处是画面的中心区，分上下4层：第一层是一周似松柏类的树木；第二层是全画的主题，刻划人物投壶场景；第三层是第二层画面的辅助性活动，一行人往前送箭；第四层为一周三角纹。匜内底部刻划群游的水蛇。

兽首匜

春秋

通高 12.4 厘米，通长 28.5 厘米，宽 15 厘米

1961 年山西省侯马市上马墓地出土

器身近似椭方形，前有封顶式兽首流，后有卷尾龙形鋬，圜底。下承三兽足。

夔凤纹四耳鉴

春秋

高 42.2 厘米，口径 70.6 厘米

1988 年山西省太原市金胜村赵卿墓出土

共4件，形制、大小、纹饰基本相同。敞口，方折沿，颈微束，对称的两对兽首套环耳，腹壁内收形成平底，下承矮圈足。兽首唇部向上翻卷，双目圆睁，头顶有犄角，用卷云纹和鳞纹做装饰，套环饰斜角云纹。器颈部和下腹部饰夔凤纹带，上腹部饰倒置的兽面纹带。

素面双耳鉴

春秋

高 13.5 厘米，口径 26.5 厘米

1988 年山西省太原市金胜村赵卿墓出土

器体形较小。敞口，鼓腹，平底，下接矮圈足，肩部有一对环形耳。素面，腹部有一周凸弦纹。

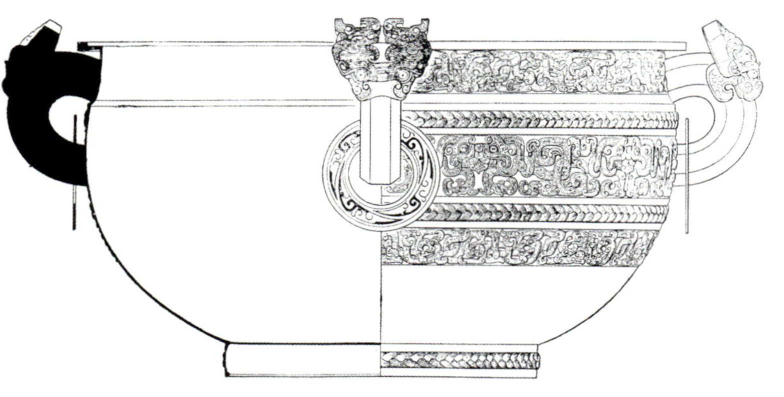

弦纹四耳鉴

春秋

高 23.8 厘米，口径 45.5 厘米

1988 年山西省太原市金胜村赵卿墓出土

大口内敛，鼓腹，平底，下接矮圈足。上腹部有两两对称的4个铺首衔环耳。素面，腹部有两周凸弦纹。

窃曲纹卮

春秋

高 12.7 厘米，口径 8.2 厘米

1974 年 7 月山西省闻喜县上郭墓地出土

喇叭形敞口，斜颈，中腰收束，平底，口径大于底径，形体似觚。口沿下饰窃曲纹一周，腹部以一周凸弦纹束腰，下腹部饰鳞纹一周。

窃曲纹盂

春秋

高 9.7 厘米，口径 19 厘米

1974 年 7 月山西省闻喜县上郭墓地出土

敞口，宽折沿，束颈，折肩，斜腹，平底。肩部饰鳞纹一周，腹部饰窃曲纹。

铜量

春秋
左：通高 21.5 厘米，口径 6.8 厘米
中：通高 26 厘米，口径 12 厘米
右：通高 20.8 厘米，口径 6.6 厘米
1988 年山西省太原市金胜村赵卿墓出土

共3件，均为直筒形，大小两种形制。平底。大铜量腹壁有一对环形耳，小铜量一件为素面，一件腹壁饰3周兽目交连纹。大铜量的容积是兽目交连纹小量的4倍，约是素面小量的4.2倍，3件量器之间的折合关系是1与4之比，是一组有着四进位制的实用量具。

蟠螭纹甬钟

春秋
大：通高 95 厘米，铣距 50 厘米
小：通高 87 厘米，铣距 42 厘米
1961 年山西省万荣县庙前村出土

1套2件，形制、纹饰基本相同，大小依次。体为覆瓦形，甬为上细下粗的八棱柱形，有旋和干，共鸣箱为斜壁，于口微弧。舞、篆部饰蟠螭纹。两篆间正反面各有18个钟枚，枚作圆柱形，下带底座。鼓部饰龙蛇复合式兽面纹，口部饰斜线纹。

兽面衔凤纹镈钟

春秋

通高 62 厘米，铣距 45.5 厘米

1994 年山西省太原市一电厂出土

器体形较大，呈合瓦状，两侧中部微鼓，口平直。镂空双龙形钮。舞部、鼓部饰兽面衔凤纹，钲部饰兽首双身纹。篆部饰蟠螭纹，两篆间有36个团螭形钟枚，每面18个。

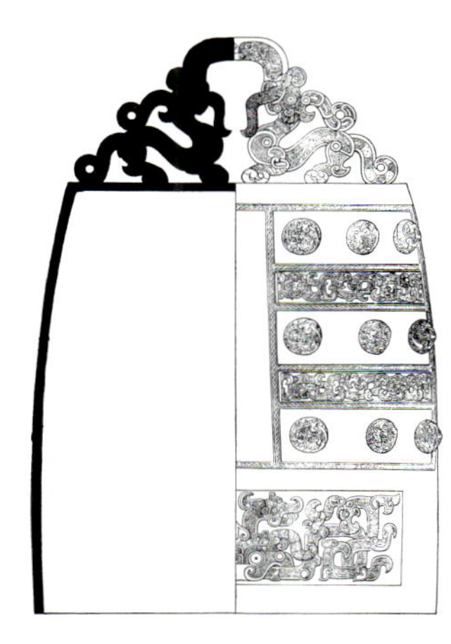

蟠螭纹编镈

春秋

最大者通高 46.5 厘米，铣距 34.4 厘米

最小者通高 11.2 厘米，铣距 8.3 厘米

1988 年山西省太原市金胜村赵卿墓出土

1套19件，其中5件为一组，另14件为一组，形制相同，大小依次成列，皆为双音钟。体呈合瓦形，两侧中部微鼓，口平直，正视近似梯形。钮作双虎噬螭形，虎昂首，卷尾。五件组舞部呈椭圆形，饰4组“S”形蟠螭纹带。篆部饰“S”形夔凤纹带，两篆间有36个团螭形钟枚，每面18个。鼓部饰龙兽相搏纹，兽口紧咬龙身，两侧有夔凤纹与龙体相交缠。十四件组钟的舞部、篆部、鼓部饰蟠虺纹，两篆间有36个团螭状枚，每面18个，正鼓部下方有一圆形凸起。

蟠螭纹编钟

春秋
最大者通高 36 厘米，铣距 20.6 厘米
最小者通高 20 厘米，铣距 12 厘米
1961 年山西省侯马市上马墓地出土

1套9件。半环钮，篆饰勾连纹，鼓面光素。1977年经专家测音，除两件哑音外，其余音节都很准。

蟠螭纹建鼓座

春秋

通高 39 厘米，口径 16.2 厘米，底径 79 厘米

1994 年山西省太原市一电厂出土

圆形，直壁，附四铺首衔环，穹形顶，中央有一圆柱形銎孔，用于插鼓之建柱。銎口沿饰一周绹索纹，柱身饰蟠螭纹，穹形顶饰兽首衔凤纹四周，直壁饰蟠螭纹。

蟠螭纹铜镜

春秋
直径 9 厘米
1988 年山西省太原市金胜村赵卿墓出土

圆形，质薄。正面光素。背面正中为一桥形钮，纹饰分为两区，中心区饰互相缠绕的蟠螭纹，以粟点纹为地，外区饰一周绹索纹。

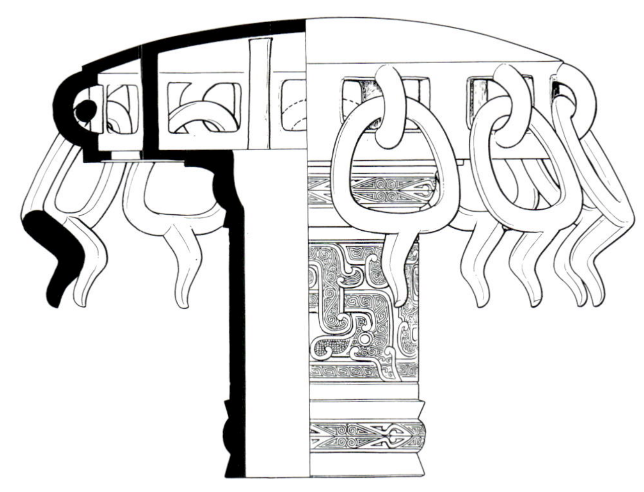

蟠螭纹帐顶

春秋

通高 17.6 厘米，顶径 18 厘米，銎径 7.6 厘米

1988 年山西省太原市金胜村赵卿墓出土

伞形，上端为圆弧形盖，周边有一周方孔，上铸半圆弧环，环衔鸭形扣，扣可随意活动。下接圆柱状銎，便于放置在毡帐中心柱的顶端。銎中部饰一周蟠螭纹，上下各饰一周云纹。

环耳提链炭炉

通高 13.8 厘米，口径 36.4 厘米

炭耙

通长 37.4 厘米

镂空簸箕形格

格长 31.5 厘米，最宽 16.5 厘米

春秋

1988 年山西省太原市金胜村赵卿墓出土

1套3件，分炉、耙和格三部分。炉为敛口，直壁，双环形耳连接提链，圜底，下承三兽蹄足。盘体素面，兽蹄形足跟部线刻兽面纹。炭耙扇形，漏孔，前端有4个弯钩，后有长銎把，可安装柄，銎上部有一周箍，素面。格呈簸箕形，直壁，平底，后接六棱形弯柄，銎部为虎首形，虎张口昂头，底镂空装饰6只变形凤，箕侧镂空菱形纹饰。这一套为取暖用具，炭盘盛火，格和炭耙是炭盘的附属工具，用途是转移火种和添加木炭。

虎形灶

春秋

通高160厘米，灶体长46厘米、宽38厘米

1988年山西省太原市金胜村赵卿墓出土

1套7件，由灶体、釜、甑、烟筒等部分组成。灶体为椭圆形，平底，两侧有用于提携灶体的提链，灶门在前，为半圆形虎头状，顶部有圆形灶眼，灶眼内置釜，釜饰牛头双身螭纹带。釜上套甑，甑饰夔龙纹带。灶眼后有圆形的烟筒，烟筒素面，直筒状，口部起棱形成子口，便于上下套接。灶体内有小凸齿用于搪灶挂泥。

带扣车軎

春秋

通高 8.2 厘米，口径 6.2 厘米

1988 年山西省太原市金胜村赵卿墓出土

安装于马车车轮轴端的金属部件，軎套在车轴的两端，以辖固定，用以加固轴头，辖是车轴上的销子。此軎作直壁覆盆式，有宽厚沿，沿两侧有两个对称的长方形辖孔，以置车辖，辖首铸成倒伏的小虎，虎四肢间有椭圆形穿孔。軎筒上附有可活动的鸭首方形带扣，可系革带，起刹车作用。

绹索纹带扣车軎

春秋

通高 8.7 厘米，口径 6.7 厘米

1988 年山西省太原市金胜村赵卿墓出土

此軎作直壁覆盆式，有宽厚沿，沿两侧有两个对称的长方形辖孔，辖呈“T”形，辖首铸成虎首。軎筒上镶嵌有长方形提手，六棱体。軎体饰绹索纹。

连珠纹鸭首带扣

春秋

长 4.8 厘米，宽 5.5 厘米

1988 年山西省太原市金胜村赵卿墓出土

为马身上皮带的扣环，使用时皮带从扣环中穿过，起固定作用。器体为长方形六棱体框，一侧有鸭首形带扣卡。器身饰连珠纹和鳞毛纹。

弯管车饰

春秋
高 9.5 厘米，宽 3.5 厘米
1988 年山西省太原市金胜村赵卿墓出土

器体呈向内弯曲的椭圆形扁管状。管的一端有两翅，一翅拐杖状，一翅向内弯斜。

错金虎形饰

春秋
长 5.4 厘米，高 2.1 厘米
1988 年山西省太原市金胜村赵卿墓出土

卧式。虎昂首张口，龇牙瞪眼，前腿匍匐，后腿似弓，背部饰错金卷云纹。

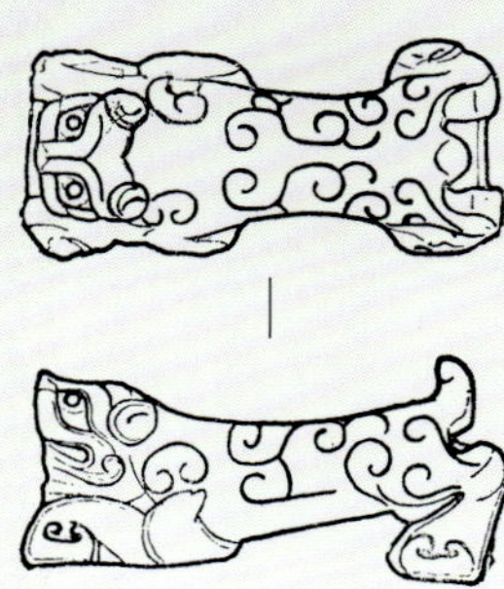

足形铜泡

春秋

长 5 厘米，宽 4 厘米

1961 年山西省侯马市上马墓地出土

装饰件。形似足，背面有钮，用于固定。

贴金铜泡

春秋

直径 4.7 厘米

1961 年山西省侯马市上马墓地出土

装饰件。圆形，正中略鼓，上饰一朵盛开的花。铜质贴金。

韩钟剑

春秋

残长 25.3 厘米

1952 年山西省垣曲县谭家村出土

残。剑身有错金铭文“韩钟之□剑”5字。据考证，此剑的主人为景公时期晋国列卿韩穿，他曾参加晋楚之战。公元前588年，晋中军元帅郤克增设三军，韩穿为新上军佐。公元前585年，韩穿带领新上军抗楚救郑。

王子于戈

春秋

通长 24.3 厘米，宽 11 厘米

1958 年山西省万荣县庙前村出土

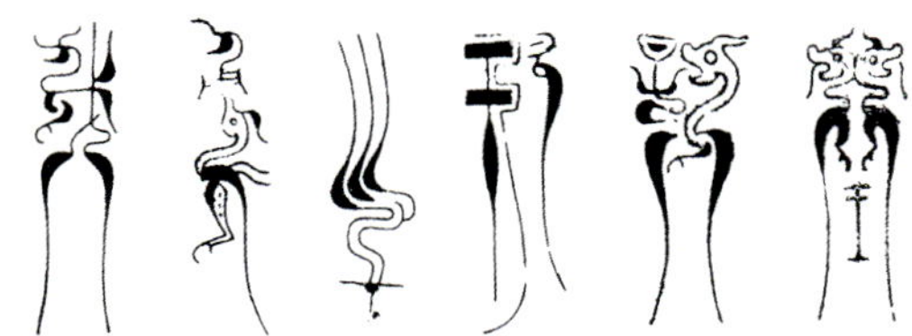

援上翘，胡部三穿。内为长方形，中部有一穿。戈体采用错金工艺镶嵌文字与纹饰。正面镶嵌一字未释读，反面镶嵌“王子于之用戈”6字鸟虫体文字，内部正反面镶嵌云纹。

黄成戟

春秋

通长 27.6 厘米，阑长 11.7 厘米

1988 年山西省太原市金胜村赵卿墓出土

援上昂，弯弧，起中脊，内靠近胡部有一横长方形穿，胡部有三穿。在援基部有铭文“黄成”二字。

虎鹰搏击镂空戈

春秋

通长 20.3 厘米，援长 13 厘米

1988 年山西省太原市金胜村赵卿墓出土

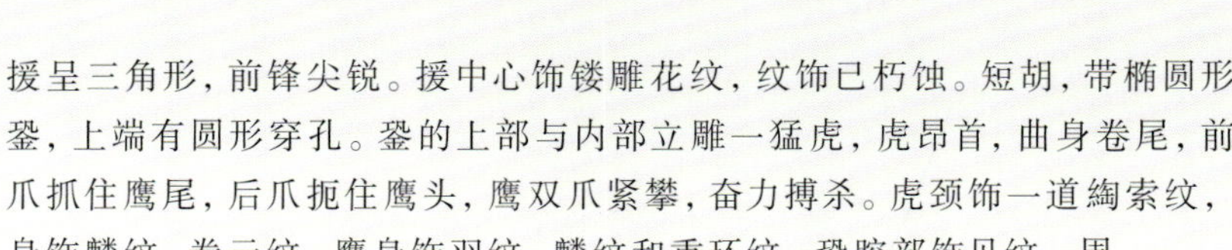

援呈三角形，前锋尖锐。援中心饰镂雕花纹，纹饰已朽蚀。短胡，带椭圆形銎，上端有圆形穿孔。銎的上部与内部立雕一猛虎，虎昂首，曲身卷尾，前爪抓住鹰尾，后爪扼住鹰头，鹰双爪紧攀，奋力搏杀。虎颈饰一道绹索纹，身饰麟纹、卷云纹。鹰身饰羽纹、麟纹和重环纹。銎腔部饰贝纹一周。

虎鹰互搏戈　鸟纹戈鐏

春秋
戈通长 16 厘米，宽 7.1 厘米；
鐏高 9 厘米，宽 4 厘米
1985 年山西省临县朱元贵捐献

援、胡较短，椭圆形銎口，上端有圆形穿孔，用于固定戈柲。銎上部与内部立雕一猛虎擒扼雄鹰，虎昂首张口，曲身卷尾，前爪抓鹰尾，后爪扼鹰首，鹰则伸颈翘尾，奋力搏杀，构成一幅激烈的虎鹰搏击图。

鐏为椭圆形銎口，装饰鸟纹，上有固定柲的圆形穿孔。

蟠虺纹盖鼎

战国

通高 13 厘米，口径 16.6 厘米

1976 年山西省新绛县西柳泉村出土

盖与器身合成扁球体。盖上有三个环形钮。口沿两侧各置一环形耳，鼓腹斜收，圜底，下承三细兽足。盖与器身均饰蟠虺纹。

梅花纹盖鼎

战国
通高16.5厘米，口径15.5厘米
1961年山西省长治市分水岭出土

弧形盖，上置三个卧凤形钮。敛口，双兽首衔环耳，弧腹外鼓，三矮蹄形足。腹部饰梅花纹，以两周双头蟠螭纹作界隔，蟠螭作卧“S”形。

绳索纹盖鼎

战国

通高 20 厘米，口径 18.2 厘米

1964 年山西省长治市分水岭出土

穹顶形盖，中间置一方形钮衔环，周边分置三环形钮。鼎敛口，口沿下有双铺首衔环耳，弧腹外鼓，三矮蹄形足，平裆略弧。盖顶环钮饰贝纹，盖面与器身均饰两周绳索纹，腹部饰一周凸弦纹，弦纹上饰贝纹。

蟠螭纹盖鼎

战国
通高 21 厘米，口径 19.8 厘米
1977 年山西省潞城市潞河村出土

覆盘形盖，上置三个环形钮。附耳微曲，圜底，下承三矮兽足。盖与器身均饰蟠螭纹，附耳与环形钮饰绹索纹。

错金夔龙纹豆

战国

通高 19.2 厘米，口径 17 厘米

1965 年山西省长治市分水岭出土

弧形盖，盖顶有喇叭形捉手。环耳，圆腹，下承喇叭形高圈足。盖捉手饰柿蒂纹，盖面与腹部饰错金夔龙纹，圈足饰垂叶纹和斜角云纹。

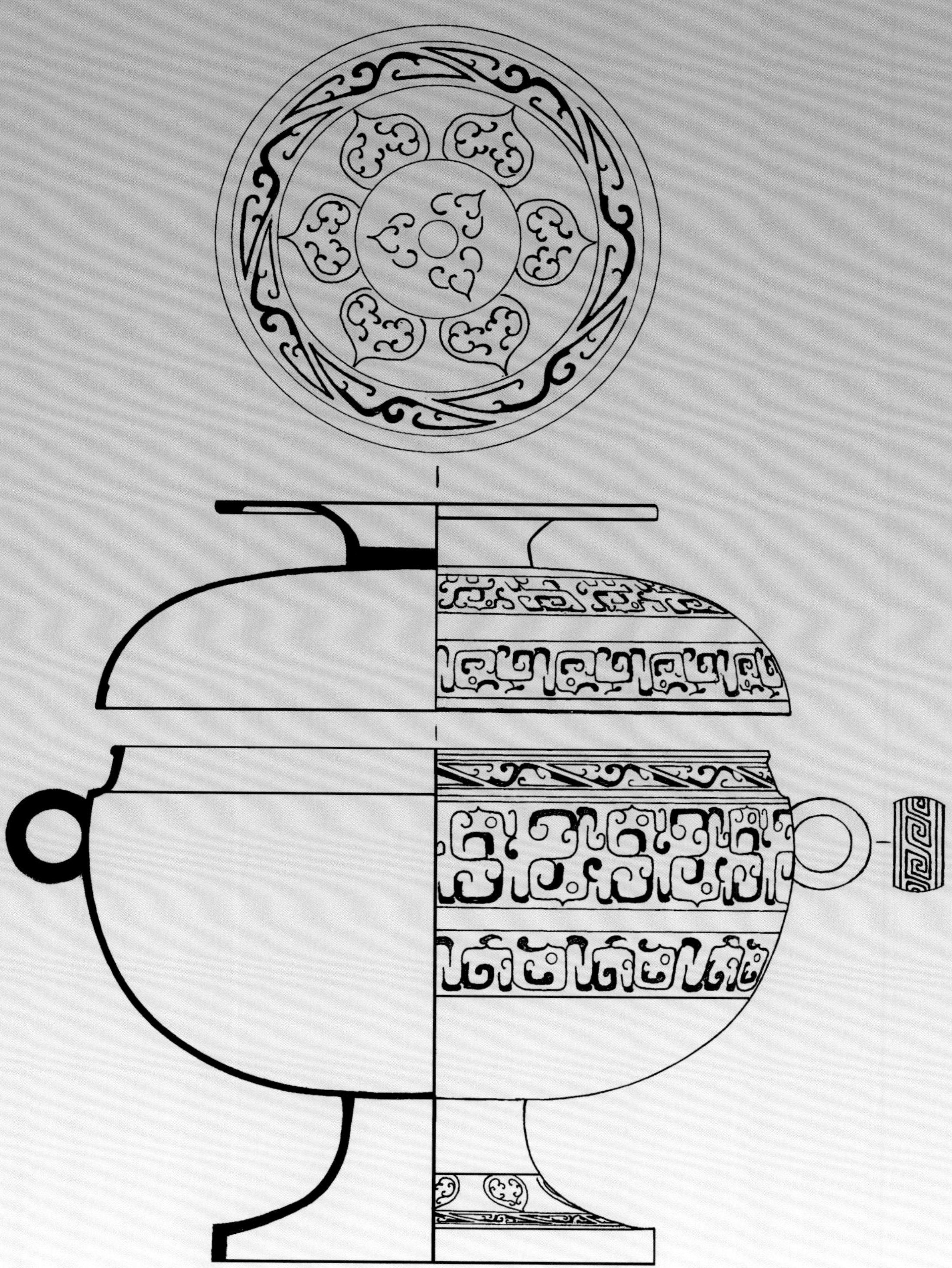

铜牺立人擎盘

战国

通高 14.6 厘米，盘径 14 厘米，长 18 厘米

1965 年山西省长治市分水岭出土

盘为圆形，侈口，平底，下接支柱，可以灵活转动，盘底以镂空蟠虺纹装饰。牺牲体肥硕，面部表情温顺，双目圆睁，长吻大耳，四足短而粗壮，站立平稳。牲背上站立人形，面目清秀，束发垂脊，身穿右衽长袍，双臂前伸，手握盘柱，以使盘体平衡。

嵌红铜络绳纹壶

战国
通高 38 厘米，口径 11.3 厘米
1961 年山西省万荣县庙前村出土

弧形盖，上置四个环形钮。侈口，束颈，溜肩，铺首衔环双耳，鼓腹圆收形成圜底，下接高圈足。器体采用嵌红铜工艺装饰，上下嵌五层双鸟纹，中间以络绳纹分隔。双鸟或相背，或相对，或昂首直立，或引颈长歌，或悠闲踏步，或弯颈回首，或相互打斗，姿态各异，形神兼备。

采桑人物圆壶

战国

通高35.5厘米，口径12厘米

山西省襄汾县公安局移交

侈口，束颈，鼓腹，圈足。肩部有一对铺首衔环耳。颈部刻划采桑人物图，腹部饰三周夔龙纹带，以凸弦纹为界隔，其上饰斜角云纹。

蟠螭纹壶

战国
高 31 厘米，口径 12 厘米
1961 年山西省长治市分水岭出土

侈口，束颈，双兽首衔环耳，鼓腹，矮圈足。肩部与腹部分饰四层变体蟠螭纹，之间以斜角云纹带间隔，颈部饰三角纹，圈足饰蟠螭纹，衔环饰斜角云纹。

析涅壶

战国

通高 33 厘米，口径 13.4 厘米

山西省文水县平陶大队出土

侈口，束颈，鼓腹，圈足，双兽面衔环耳。器壁厚重，无纹饰。肩一侧阴刻篆铭2行9字："永用析涅，受六孛四□。"周围长方边框，字、框均错银。

蟠螭纹舟

战国

高 6.2 厘米，口长 9.7、宽 8.7 厘米

1966 年山西省长治市邮电工地出土

椭圆形，直口，曲颈，斜腹，矮圈足，腹两侧各置一环形耳。腹部饰一周蟠螭纹，下接一周垂叶纹。

蟠虺纹舟

战国

高 6 厘米，口长 14.8、宽 12.2 厘米

1966 年山西省长治市分水岭出土

侈口，短颈，圆腹，矮圈足，腹两侧各置一环形耳。颈部饰两周斜三角纹，腹部饰两周蟠虺纹。

错金夔纹舟

战国

通高 7.8 厘米，口长 15.7、宽 12.6 厘米

1955 年山西省长治市分水岭出土

椭圆形，敛口，束颈，弧腹外鼓，矮圈足，腹两侧各置一环形耳。颈饰一周错金斜角云纹，腹饰错金变形夔纹，下接垂叶纹，耳饰云纹。

土匀錍

战国

通高 31.5 厘米，口径 12.3 厘米

1974 年山西省太原市电解铜厂拣选

侈口，束颈，溜肩，扁圆形鼓腹，平底，矮圈足。肩两侧各置一环耳。腹部饰络绳纹。颈部一面刻铭1行6字："土匀容四斗錍。""土匀"即"土军"，今山西石楼县，战国属赵。实测容水7000毫升。

蟠螭纹匜

战国

通高 10.2 厘米，通长 22.7 厘米，宽 14 厘米

1966 年山西省长治市分水岭出土

器口呈圆角长方形，封口流，浅腹，圜底，三细蹄足，兽首鋬尾。流封口面饰卷曲蟠螭纹。

错银云纹承弓器

战国

通长 21.3 厘米，銎口长 4.8、宽 2.7 厘米

1954 年山西省永济县薛家崖出土

为战车上承托弓的器具，前端向上弯曲作长颈兽头状，后端为长方筒状銎，口部有固定用的穿孔。器体饰错银卷云纹。

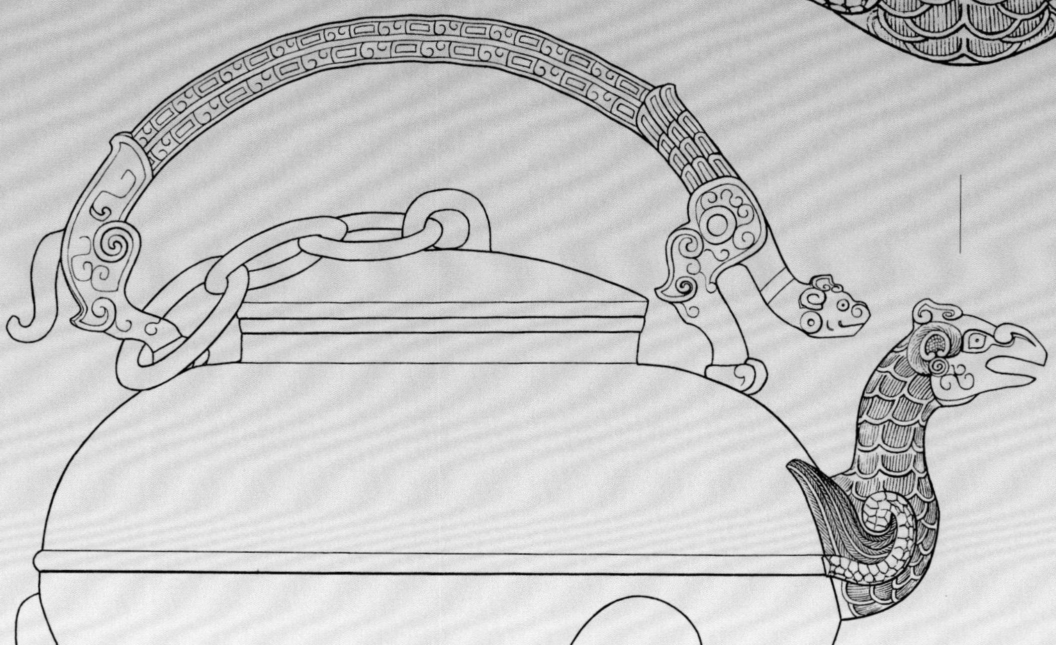

鸟首盉

战国

通高 23.4 厘米，口径 10 厘米

1961 年山西省长治市分水岭出土

盖微鼓，顶置环钮，钮与螭足以三连环相连。圆口，直领，凤首流，扁圆腹，三细蹄形足，底近平。凤首张口，圆目有冠，桃形耳，腹部饰羽翅纹。螭首提梁，螭拱背，垂尾，腹部饰蟠螭纹，以曲折雷纹为间隔。器腹饰一周凸弦纹。

蟠螭纹铜镜

战国

直径 10.9 厘米

1965 年山西省长治市分水岭出土

圆形，桥形钮，窄素沿。外区饰相互缠绕的蟠螭纹，内区饰六瓣莲瓣纹，莲瓣内填兽面，内外区以弦纹为界。镜边作綯索纹。

错金银器口

战国

口径 12 厘米，高 1.4 厘米

1954 年山西省河津县九龙岗出土

中空环状，一面作子母口，为器口。面饰菱形和“S”形云纹组成的几何图案。

错银云龙纹带钩

战国

长 10.5 厘米

1978 年山西省太原市电解铜厂拣选

钩体圆鼓，弧背琵琶形，蛇首钩，背有一圆形钉柱。通体错银饰云龙纹。

四槽轴碗

战国
直径 5.6 厘米，内径 2.9 厘米
1954 年山西省永济县薛家崖出土

共3件。圆环状，形似现代滚珠盘。

方孔齿轮

战国
直径 5.1 厘米
1954 年山西省永济县薛家崖出土

扁平圆形，中间方孔，外边缘齿牙细密，稍倾向一侧。

五齿轮

战国
长 4 厘米，最大径 2.8 厘米
1954 年山西省永济县薛家崖出土

一端中空，孔径0.6厘米，较平滑。另一端实心，周边有六枚齿牙斜向内侧，间距均匀，呈翼状。

锯条

战国
大：长 7.4 厘米，宽 3.6 厘米；
小：长 4.7 厘米，宽 1.2 厘米
1954 年山西省永济县薛家崖出土

2件。短锯条一侧有齿，齿倾斜排列，均匀细密，每厘米约五个半齿；长锯条两侧均有齿，一侧齿牙粗大，齿距不规则，另一侧细密均匀。

镂空蟠螭纹当卢

战国

卢径 6.2 厘米，通径 9.5 厘米

1965 年山西省长治市分水岭出土

马首额头饰件。圆形，外周四系作铺首衔环。卢面作镂空蟠螭纹，中央作涡纹。

车篷架

战国

通长 10.3 厘米

1965 年山西省长治市分水岭出土

马车上支撑车伞的构件。主管为圆筒形，其上端向三个方向分出支管，呈三叉状，管壁有穿孔，内存有朽木痕迹。

蟠虺纹车盖斗

战国

通高 13.1 厘米，顶径 9.5 厘米

1954 年山西省长治市分水岭出土

盖斗上部作直壁扁鼓形，周壁有长方镂孔18个，为插辐搭顶之用。斗下部渐收，呈细长喇叭筒形，长三角形镂孔8个，为固定盖顶之用。斗顶部中央饰涡纹，边透雕蟠虺纹。

弩机构件

战国

左：长 12 厘米；右：长 14 厘米

1954 年山西省永济县薛家崖村出土

弩是由弓发展而成的兵器，由铜质弩机、木臂、弓三部分构成，包括牙（二牙联体，其中一牙连望山）、望山、悬刀（即扳机）、机塞、枢轴五种构件。两牙在望山前，下部与望山联为一体；机塞置于牙前，其后分为两齿，上齿顶住两牙下部连接处，下齿钳在悬刀刻口内。此装置可增加箭矢的射程，提高命中率和杀伤力，成为战国最有威力的兵器之一。

错金云纹剑

战国

通长 45.6 厘米，宽 5 厘米

1961 年山西省长治市分水岭出土

剑身狭长，尖锋，有菱形脊，“一”字格，圆柱茎，上有双箍。剑首、格与箍均饰错金云纹。

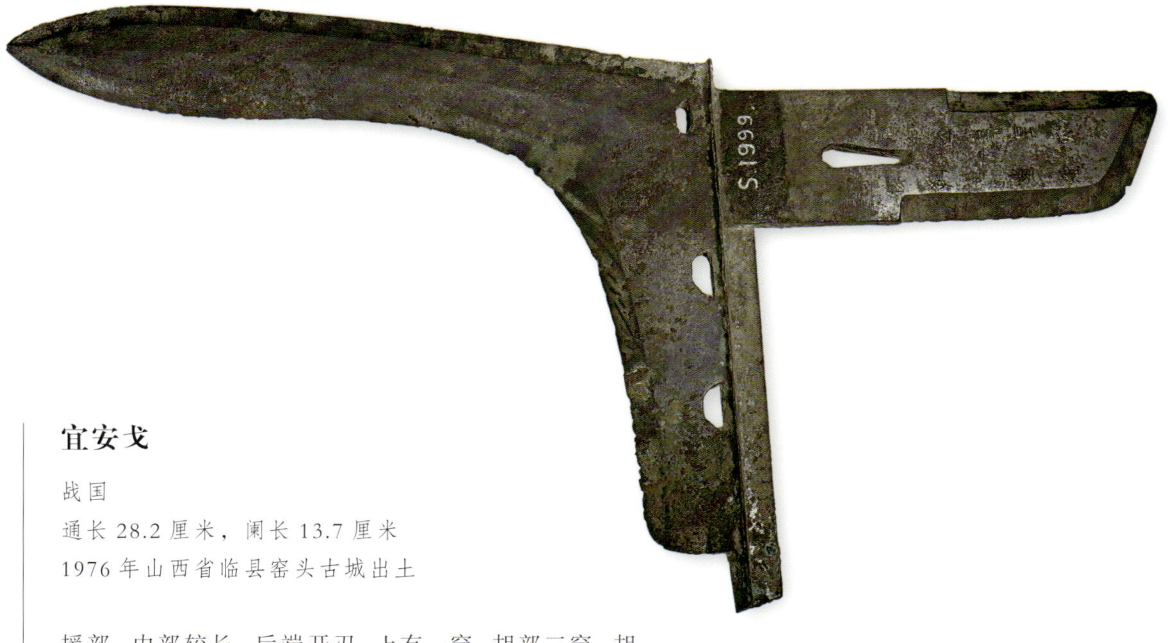

宜安戈

战国

通长 28.2 厘米，阑长 13.7 厘米

1976 年山西省临县窑头古城出土

援部、内部较长，后端开刃，上有一穿，胡部三穿。胡部正面刻铭“王何立事□治□所教马重为”12字，故又名王何立事戈；反面有“宜安”2字。

弦纹鼎

西汉

通高 21 厘米，口径 20 厘米

1974 年山西省祁县城关出土

带盖，盖与器合成一个扁圆体，盖上有三个环形钮。附耳微曲，圜底，三矮兽形足。腹饰一周弦纹。

咸阳鼎

西汉

通高 14.5 厘米，口径 14.5 厘米

1982 年山西省太原市电解铜厂拣选

盖失。敛口平唇，鼓腹圜底，附耳，蹄足。腹部有凸弦纹一周。口沿外侧阴刻铭文18字："咸阳临平共厨金鼎，容一斗，重四斤一两，名二。"

四神染炉

西汉

大：通高 11.8 厘米，通长 23.4 厘米，宽 11.2 厘米；

小：通高 9.8 厘米，通长 24.7 厘米，宽 10.4 厘米。

1982 年山西省太原市尖草坪汉墓出土

一对，形制基本相同，大小略有别。全器由底盘，炉身和耳杯三部分组成。长方形浅底盘。炉身一侧有柄，其下以四侏儒为足支托炉身；炉身四周镂雕四神，底部有两排长方形箅孔共10个；炉口沿上有四支钉，耳杯可吻于其上。椭圆形耳杯，长圆耳。

胡傅酒樽

西汉

高 35 厘米，口径 65.5 厘米

1963 年山西省右玉县大川村出土

直口，平折沿，深腹圜底。腹部有三只铺首衔环，下承三虎形足。腹中部凸饰一宽带，上有弦纹一道。通体鎏金，并彩绘鹿、蛇、象、虎等动物纹和兽面人身纹。口沿阴刻刻铭：“剧阳阴城胡傅铜酒樽，重百廿斤，河平三年造。”

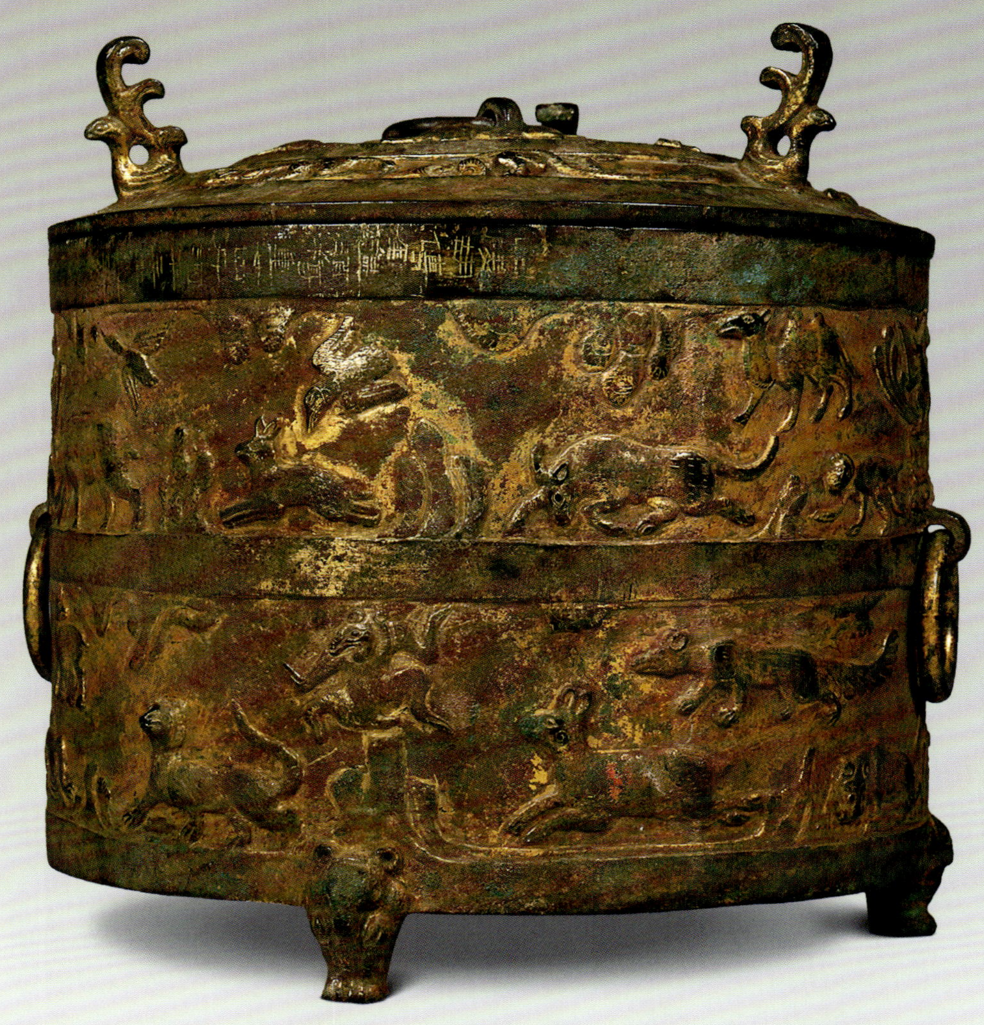

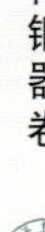

胡傅温酒樽

西汉

通高 24.4 厘米，口径 23.1 厘米

1963 年山西省右玉县大川村出土

一对，形制、大小、纹饰基本相同。圆筒形，带盖，平底三足。盖顶中央有提环，周围有三个凤形钮，腹两侧各有一铺首衔环，底接三个立雕熊形足。腹部中央一周宽弦纹带将腹隔为上下两区，饰高浮雕的虎、羊、牛、猴、龙、凤、鹅等禽兽图案，通体鎏金。器口与盖下子口沿阴刻铭文：“中陵胡傅铜温酒樽，重廿四斤，河平三年造。二。”

常方半量

西汉

长 28.4 厘米，宽 10.4 厘米，高 6.7 厘米

1978 年山西省太原市电解铜厂拣选

椭圆形，直口，深腹，平底，口略大于底。一端有柄，柄作上平下弧的筒形，柄弧面刻铭1行9字："常方半，重五斤，内官造。""常方"即"尚方"，"半"即"半斗"。实测容水1000毫升。

蒜头壶

西汉

高 32 厘米，口径 3 厘米

1992 年山西省平遥县征集

圆口，壶口边缘一周呈倒蒜头形。细长颈，扁球形腹，矮圈足。通体素面，颈部饰一道凸弦纹。

晋阳鈁

西汉

通高 42.5 厘米，口径 11.8 厘米

1961 年山西省太原市东太堡出土

器体方正，有盖。敞口，微束颈，溜肩，鼓腹，圈足。盖面微上鼓，镂雕四兽钮，缺一。肩两侧置铺首衔环一对。一铺首侧刻铭2行12字："晋阳容六斗五升，重廿斤九两。"

雁鱼灯

西汉
通高 53.8 厘米，通长 31.9 厘米，
通宽 17.6 厘米
1986 年山西省襄汾县吴兴庄出土

鸿雁伫立状。雁回首衔鱼，颈与灯身以子母口套合，鱼身与雁颈、腹腔中空相接。圆形灯盘直壁，浅腹，附柄，可自由转动，盘下圈足与雁背直口套合。鱼腹下与灯盘相对应为圆形覆口，覆口与灯盘之间插立两块弧形屏板，交错开合，既能挡风，又能调节灯光亮度，灯火点燃时，烟雾通过鱼腹和雁颈导入雁腹，防止油烟污染空气。鱼鳞和雁翅均铸出纹理之后，以红、绿、蓝、白等色进行描绘。

鸭形熏炉

西汉

通高 15.8 厘米，通长 18.6 厘米

山西省朔县照什八庄汉墓出土

炉体作昂首站立的鸭形。下有承盘，折沿，深腹斜收，平底。鸭背为可开合的炉盖，上做镂空卷云纹。

成山宫行灯

西汉

通高 4.2 厘米，口径 11.4 厘米，计錾长 23 厘米

1983 年山西省平朔煤矿 51 号墓出土

浅圆灯盘，直壁，平底，下承三矮兽蹄足，盘一侧有执柄。盘壁外侧刻铭：“成山宫行灯重二斤，五凤二年造。第卌三。”錾面刻铭“扶”字。

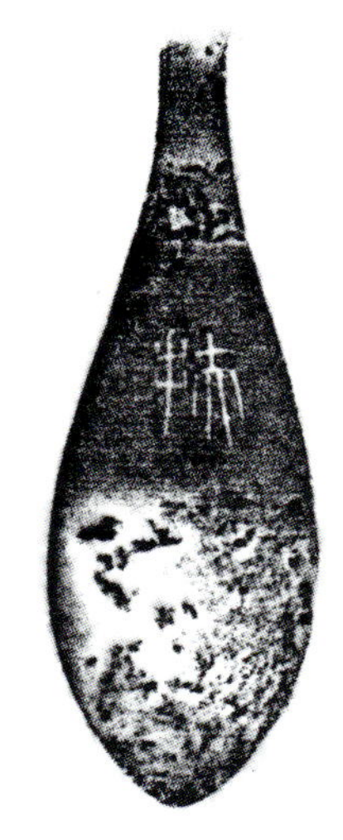

嵌贝龟形镇

西汉

高 6.3 厘米，长 13.9 厘米

山西省朔县照什八庄汉墓出土

龟作昂首匍匐状，形象憨态可掬。龟背上嵌贝壳。

鎏金铺首

汉

高 8 厘米，宽 10 厘米

1978 年山西省太原市电解铜厂拣选

铺首作浅浮雕兽面，双目鼓凸，额间须毛卷曲，鼻前弯作环后又向后平伸出一扁平长榫，额头背面也有一扁平长榫，两榫各有一穿孔相对，为固定之用。通体鎏金。

蒲反田官单耳量

西汉

高 10.4 厘米，口径 17.3 厘米

1979 年山西省太原市电解铜厂拣选

直口，深腹圜底，腹侧置一环耳。环耳左侧篆书阳文“蒲反田官”4字。实测容水1000毫升。

犬马相斗带饰

汉

长 12 厘米，宽 7.6 厘米

旧藏

器呈扁平状。马俯首伫立，张口噬咬犬颈；马首前方、马背和腿间饰树状花纹，马尾上卷。犬伏卧状，昂首奋力撕咬马腿。

虎噬牛饰牌

汉
长 10.4 厘米，宽 5.1 厘米
1978 年山西省太原市电解铜厂拣选

器作扁平长方形。“人”字纹边框，内透雕虎噬牛图案，虎腾身张口噬牛颈，牛曲颈拱背作抵抗状。右边框残。背面有两半环形钮，一钮残。

马首带扣

汉
长 9.1 厘米，宽 5.9 厘米
旧藏

扣呈扁体椭圆形，为马首侧面像。以马头、身躯（无腿）和夸张的长尾构成椭圆形边框，马尾向内卷环接马嘴。马眼镂空，马颈部刻划鬃毛，身体饰三条折线组成的几何纹。身躯下部伸出一小柱，为扣节所用。

神人车马画像镜

东汉
直径21厘米
1959年上海博物馆调拨

圆形。大圆钮。主纹由四乳钉分为四区，对称两区为车马奔驰，两区为神人静坐，其旁有侍者羽人。外有铭文带一周："周仲作竟四夷服，多贺国家人民息，胡虏殄灭天下复，风雨时节五谷熟，长保二亲得天力，吴胡伤里。"

铜牛车

唐
通高 20 厘米，通长 30 厘米
1987 年山西省公安厅移交

这套牛车由牛、轭、长辕双轮车厢组合而成。拉车的黄牛身躯壮硕，头上套有络具，颈上有轭，轭两侧各有半圆形环扣接车辕。车厢作长方形，后开门，前厢板上铸出直棂空格。厢顶覆篷盖，前后出檐于车厢。双轮作圆形，16幅。